AF269707

El arte de ser libre

Epicteto

El arte de ser libre

Un manual de sabiduría clásica
para una vida estoica y feliz

Título original: *How to be free*
© Princeton University Press, 2018
Publicado por acuerdo con Princeton University Press
© de la traducción, Ediciones Kōan, s.l., 2020
© Ediciones Kōan, s.l., 2020
c/ Mar Tirrena, 5, 08912 Badalona
www.koanlibros.com • info@koanlibros.com
ISBN: 978-84-18223-09-9 • Depósito legal: B-11528-2021
Diseño de cubiertas de colección: Claudia Burbano de Lara
Maquetación: Cuqui Puig
Impresión y encuadernación: Liberdúplex
Impreso en España / *Printed in Spain*

1ª edición, septiembre de 2020 • 5ª edición, noviembre de 2021

Para David

ÍNDICE

Introducción xi

Sobre esta traducción xlvii

Sobre el Enquiridión li

EL ARTE DE SER LIBRE 1

El *Enquiridión* 3

De *Disertaciones* 51

  1. Aprender a desear las cosas tal
     como vienen 55

  2. Libres de malestar emocional 59

  3. Libres de servidumbres 60

  4. Libres para asentir sin trabas 63

  5. Saber qué desear 69

  6. Libertad de la voluntad o libre albedrío 71

  7. Hacer un uso correcto de las representaciones.. 72

  8. Libertad y naturaleza humana 75

  9. Libertad y dignidad 78

Agradecimientos 81

Glosario 83

Lecturas complementarias 95

Índice temático 97

INTRODUCCIÓN

¡¿Cómo ser libres?! ¿Pregunta o exclamación? ¿Es un manifiesto político, un anhelo de volver a los orígenes, una aspiración a la autonomía o una hoja de ruta para liberarse del yugo de la opresión? Esta obra presenta el concepto de libertad de un antiguo filósofo griego: ser libres significa vivir en armonía con la naturaleza, ser dueños de nosotros mismos, saber controlarnos, convertirnos en ciudadanos del mundo y comportarnos como tales, y desear exclusivamente aquello que esté en nuestra propia mano conseguir.

Epicteto (*c.* 55-135 d. de C.), nuestro autor y maestro de estoicismo, nació en la esclavitud (su nombre griego significa «adquirido»). Perteneció al servicio de la casa de Epafrodito, liberto él mismo y personaje influyente de la corte del emperador Nerón. Aunque hacía ya muchos años que Epicteto había recibido la manumisión cuando comenzó a dar a conocer sus ideas sobre la libertad, la experiencia de la esclavitud es un motivo central de su pensamiento. La primera lección del *Enquiridión*, su manual de estoicismo, es que cualquier cosa que hagamos verdaderamente por voluntad propia es *naturalmente libre y no acepta ningún tipo de trabas ni restricciones*.

De acuerdo con esto, la libertad no es un estatus jurídico o legal ni la capacidad de moverse sin restricciones por determinado territorio. Para Epicteto, la libertad es la actitud mental de las personas que no se dejan llevar por el desánimo o la frustración porque sus deseos y decisiones proceden de sí mismos y atañen exclusivamente a lo que pueden conseguir por sí mismos. El emperador Marco Aurelio (121-180 d. de C.) recoge este concepto y reflexiona sobre él en las *Meditaciones*, su compendio de pensamiento estoico. Por su parte, el joven protagonista de la novela de Tom Wolfe *Todo un hombre*, de 1998, se las apaña para fugarse de una prisión tanto literal como alegórica tras leer las *Disertaciones* de Epicteto.

Epicteto era conocedor en primera persona de la humillante práctica social de la esclavitud, principal forma de restricción de la libertad individual en el mundo grecorromano. La esclavitud, es decir, la pertenencia y completa sumisión a otro ser humano, confiere al concepto antiguo de libertad un valor intensamente positivo y una tremenda carga emocional. La vida de un esclavo está completamente supeditada a los deseos de sus amos y a las labores serviles que se le obliga a realizar. No obstante, los esclavos, como cualquier ser humano, están dotados de mente, y la mente, al igual que el cuerpo, pueden sufrir el sometimiento, pero también ejercer la libertad. Una persona puede ser físicamente libre y al mismo tiempo estar anímica o mentalmente sometida a crueles amos psicológicos en forma de deseos, pasiones y apetitos destructivos. Y viceversa, una persona puede estar físicamente sometida, e incluso literalmente encadenada, pero ser interiormente libre y no dejarse vencer por la frustración o el desánimo, hasta el punto de sentir que lleva las riendas de su propio bienestar y es responsable de proveerse de aquello que necesita.

EPICTETO, EL FILÓSOFO Y SU ÉPOCA

A principios del siglo II d. de C., Epicteto el liberto abrió una escuela para jóvenes en Nicópolis, ciudad situada al noroeste de la península griega que se había convertido en un popular centro urbano. Uno de sus discípulos era un joven llamado Lucio Flavio Arriano, también conocido como Arriano de Nicomedia. Arriano fue tan influenciado por el pensamiento de su maestro que escribió los ocho volúmenes de las *Disertaciones*, compendio casi textual de las lecciones de filosofía estoica que había escuchado de Epicteto. También escribió el *Enquiridión*, o «manual» de filosofía estoica.

La obra que el lector tiene entre manos, *El arte de ser libre*, es una traducción completa del «manual» y de nueve fragmentos de los cuatro libros de las *Disertaciones* que se conservan. Arriano desarrollaría una brillante carrera en la administración romana y publicaría muchos otros libros, incluyendo la famosa *Anábasis de Alejandro Magno*. No sabemos cómo se las arregló para reproducir las palabras textuales de Epicteto, pero en el texto que ha llegado hasta nosotros, escrito en *koiné*, la variedad de griego coloquial que se usa en el Nuevo Testamento, oímos con claridad la voz del maestro y percibimos que no se trata simplemente de una adaptación literaria de su forma de expresarse.

Las enseñanzas estoicas de Epicteto, especialmente el *Enquiridión*, han gozado de gran popularidad desde que se publicaron por primera vez en el siglo XVI. Traducida a numerosos idiomas, la obra del de Nicópolis sigue plenamente vigente hoy en día, al ofrecer una visión penetrante y duradera de ciertas situaciones humanas universales. Las emociones que pretende paliar —el temor, la ansiedad, la envidia, la ira, el rencor, la aflicción— son propias a toda la experiencia humana, ya vivamos en la Roma imperial o en los EE.UU. de principios del siglo XXI. En este sentido, el pensamiento de Epicteto no necesita introducción. Sin embargo, aunque muchos temas nos resulten familiares, también encontraremos el distintivo sabor del mundo del autor y las costumbres de su época.

Al leer a Epicteto nos trasladamos a un mundo de esclavos (*Enquiridión*, 12, 14, 26), termas públicas (*ibíd.*, 4, 45), espectáculos circenses (*ibíd.*, 29, 33), adivinos profesionales (*ibíd.*, 32), y el exilio (*ibíd.*, 21), un peligro que Epicteto había sufrido en sus propias carnes. La Roma imperial estaba por entonces gobernada por un sistema funcionarial perfectamente compartimentado y altamente competitivo (*ibíd.*, 19, 24). La lucha por el posicionamiento social era endémica e incluía la búsqueda de protectores, la asistencia a fiestas y banquetes y el constante intento de llamar la atención de los personajes influyentes (*ibíd.*, 19, 24, 25, 33). Epicteto aboga siempre por conservar la independencia, aunque hay que hacer notar que sus discípulos, Arriano entre ellos, eran jóvenes a punto de comenzar la carrera militar o funcionarial. La sociedad romana está absolutamente dominada por el hombre, como demuestran las palabras del autor acerca de la mujer y su papel en la sociedad (*ibíd.*, 40), si bien hay que subrayar que, en general, el *Enquiridión* ni tiene una orientación de género clara ni peca de machismo. El «tú» y el «nosotros» al que se dirige el autor puede ser cualquier persona, sin necesidad de dejar constancia de las diferencias culturales.

El mundo romano de la época era una autocracia absoluta liderada por el emperador. Epicteto habla de política en muy contadas ocasiones y en esta edición se menciona al césar solo una vez (*Disertaciones*, 3) y se omite cualquier alusión a sucesos históricos. En el corpus completo de las *Disertaciones* el autor alude ocasionalmente a personajes históricos que pretenden resistirse a las exigencias imperiales (por ejemplo en 1.2), pero no dice una palabra sobre los emperadores que gobernaban

Grecia cuando él impartía sus enseñanzas. El tema
de la libertad, de importancia central en toda la filosofía estoica, cobra en Epicteto una singular relevancia, tanto por su vida de esclavitud como por el
hecho de que los destinatarios de sus palabras nunca alcanzarían la más mínima autonomía política.

ESTOICISMO Y LIBERTAD

El estoicismo como corriente filosófica surge en la
Grecia de finales del siglo IV a. de C. de la mano
de pensadores emigrados a Atenas desde el oriente
del Mediterráneo. Atenas ya no era la vibrante de-
mocracia de los tiempos de Sócrates sino un estado satélite de Macedonia. Esta pérdida de autonomía política se refleja en el interés por la ética. Ni
el estoicismo ni el epicureísmo, la otra corriente
helenística de pensamiento, se ocupan de la teoría
política con el empeño de Platón o Aristóteles. Las
preocupaciones sociales de los jóvenes filósofos
de la época no son la política o las leyes, sino el

bienestar individual y el desarrollo personal. Este viraje al interior del ser humano se hace patente en el hecho de que ya los primeros estoicos conciben la libertad y la esclavitud como arquetipos psicológicos, no como marcas de estatus o clase social. Para Zenón, el fundador de la escuela, la libertad es prerrogativa exclusiva del sabio, mientras que las personas inferiores, es decir, la mayoría de los miembros de la sociedad, no solo son ignorantes, sino también esclavos.

A primera vista, semejante afirmación sorprende por su flagrante elitismo intelectual y su insensibilidad por el infortunio de aquellos que sufren la esclavitud. Pero desde un punto de vista más profundo, hay que subrayar el uso radical que hace Zenón de la dicotomía convencional libertad/esclavitud al atreverse a aventurar, en el seno de una sociedad esclavista, una valoración ética del ser humano. Si la sabiduría es el criterio para valorar quién es libre y quién no, el yugo de la esclavitud se desplaza de lo exterior a lo interior, de lo físico a lo mental, y la filosofía, no la manumisión, se convierte en la esencia de la libertad. Según este contundente punto de vista, nos convertimos en esclavos cuando ponemos nuestro corazón en cualquier cosa susceptible de estar impedida, ya sea porque el cuerpo nos decepciona o porque nuestras pasiones y emociones nos dominan, o porque atribuimos nuestro bienestar a cosas que dependen de otros: personas, bienes materiales, fama, reputación o simplemente suerte.

En su famosa obra *Dos conceptos de libertad*, Isaiah Berlin distingue entre libertad «negativa» como *libertad de la coacción* (no ser coaccionado u oprimido por otros) y libertad «positiva» como *libertad de decidir o vivir como uno elija* (ser dueño de uno mismo o la autodeterminación). Para Epicteto, ambos conceptos están tan cerca que casi se siguen el uno del otro, como queda demostrado en el siguiente párrafo:

El dueño de alguien es aquel que tiene el poder de proporcionarle o arrebatarle lo que desea o no desea. Por eso, aquel que quiera ser libre, que no desee nada y que no huya de nada que dependa de otros; de lo contrario, inevitablemente será un esclavo. (*Enquiridión*, 14)

Una paráfrasis de la segunda oración sería: «Quien quiera ser libre de coacción debe limitar sus deseos y aversiones a lo que está bajo su control».

¿Cómo estar seguros de que semejante elección es buena para nosotros y para los que nos rodean? ¿Por qué ser dueño de uno mismo en lugar de seguir los diez mandamientos o cualquier otro conjunto de dogmas consagrados por la tradición? ¿Cómo elegir adecuadamente? La respuesta a estas preguntas nos devuelve a Zenón y su idea de «sabiduría» como esencia de la libertad. Utiliza la palabra griega *sophia*, que en el habla común se refiere a cualquier forma de conocimiento, desde el más pragmático, como la carpintería, al más abstracto, como la geometría. En todos los casos, *sophia* implica practicar con éxito una habilidad o destreza; la habilidad que interesa a Zenón y a los filósofos estoicos posteriores es el arte de la vida. Una definición de este «arte» es saber vivir en armonía con nuestra naturaleza humana y con nuestro entorno físico y social. Alcanzar, o tratar de alcanzar, ese conocimiento es tarea de la razón, y la razón, según el estoicismo, es la cualidad que distingue al ser humano de los animales (*Disertaciones*, 7, 8).

EPICTETO, MAESTRO ESTOICO

Los textos de Epicteto que conforman el presente volumen indagan en las doctrinas estoicas y exploran sus implicaciones como una guía para la vida cotidiana. Los contextos de aplicación de los principios filosóficos de la obra abarcan una enorme gama de situaciones que va desde las circunstancias más comunes, como la vida familiar o laboral, hasta situaciones más complejas como la enfermedad, la pobreza o la muerte. Epicteto no establece una distinción clara entre moral y actitud (*vid. Enquiridión*, 33). Lo que hacemos o pensamos cae en la órbita de la gran pregunta: ¿Es esto algo que depende de mí decidir y hacer, o debería aceptarlo con calma y desapasionadamente, como una situación provocada por cosas que están fuera de mi control? Si reflexionamos un poco, veremos que esta simple disyuntiva puede aplicarse prácticamente a cualquier circunstancia. Pongamos un sencillo ejemplo: una falta al respeto es algo que escapa a nuestro control, pero somos libres de elegir la manera de reaccionar. Todos sufrimos accidentes, perdemos a seres amados, no conseguimos los empleos que perseguimos, enfermamos... Tales percances no son responsabilidad nuestra, pero nos conceden la oportunidad de decidir poner a prueba nuestra propia voluntad y capacidad de valoración, en lugar de colocarnos en el papel de víctimas de las circunstancias, la injusticia o el infortunio.

A veces parece que el mensaje de libertad de Epicteto encaja perfectamente con ciertas máximas modernas del estilo «¡Abre los ojos!», «¡Espabila!», «A ver si creces», «Demuestra lo que vales», «Todo pasa» u «Ocúpate de lo tuyo». En este libro el lector encontrará equivalentes más o menos literales de este tipo de eslóganes. Si nos resultan tan familiares es por la influencia que el antiguo estoicismo ha ejercido sobre la educación y el pensamiento occidental desde la irrupción de la filosofía de Epicteto, Séneca y Marco Aurelio en la cultura europea y americana. Estos autores son los responsables de las connotaciones de serenidad, imperturbabilidad o aceptación de la adversidad asociadas a términos como *filosofía* o *filosófico*. Si parecen pasadas de moda es porque no encajan con el ansia de originalidad, las expectativas, la exhibición de los sentimientos y la autoasertividad tan en boga hoy en día. Sin embargo, como han demostrados los estoicos modernos, la serenidad, la imperturbabilidad y la aceptación de la adversidad son valores de relevancia imperecedera, particularmente útiles en este mundo febril de redes sociales, eslóganes, memes, indignación, sed de aceptación, búsqueda de atención y ansiedad autoimpuesta.

Estas máximas tan de moda hoy día han perdido el contacto con su origen estoico. Epicteto las utiliza como consejos para una vida acorde con las ideas estoicas de naturaleza, psicología y valores humanos. Sin embargo, a pesar de su tono de voz cotidiano e informal, no estamos ante un aforista. Muy por el contrario, la misión de Epicteto es dar a conocer un sistema filosófico complejo basado, como cualquier sistema filosófico que se precie, en el rigor conceptual, la coherencia interna y la demostración empírica.

Una palabra clave es *naturaleza* (*physis* en griego). El término se aplica a tres áreas interconectadas: la estructura y contenido del mundo físico, de donde procede nuestra palabra *física*; la naturaleza humana en lo referido a nuestras facultades mentales, aptitudes y potencial; y los valores concordantes o discordantes con la excelencia humana y una vida próspera. A modo de prólogo a la lectura del *Enquiridión* y la selección de pasajes de las *Disertaciones*, se ofrece a continuación un escueto repaso de estos tres aspectos de la palabra *naturaleza* y del uso que Epicteto hace de ellos.

1. *La naturaleza externa*

Junto con sus predecesores estoicos, Epicteto concibe el mundo físico como un sistema de causas y efectos completamente determinado. Nada sucede sin motivo o por casualidad, por eso, lamentarse por fenómenos naturales que están predestinados es absurdo. Existe un agente racional (la divinidad estoica) inmanente a todo lo que existe, ya sea animado o inanimado, que es el causante de todos los fenómenos (*Enquiridión*, 31; *Disertaciones*, 1), y se define, en palabras de Séneca, como «*la ley divina que regula el universo*» (*Cartas a Lucilio*, 76.23). Los fenómenos tienen lugar de acuerdo con esta ley divina incluso cuando, desde una perspectiva puramente humana, parecen arbitrarios o no coinciden con las nociones convencionales de beneficio y perjuicio. Epicteto supone una división estricta entre sucesos atribuibles a la naturaleza en un sentido externo y la voluntad o actividad humana. Para los estoicos, esta última constituye la dimensión interna de la naturaleza, que Dios —como un estoico afirmaría— nos ha asignado como oportunidad y responsabilidad (*Disertaciones*, 6 y 8). Ningún suceso atribuible a la naturaleza externa es malo o puede ser diferente de lo que es (*Enquiridión*, 27). Los seres humanos tenemos dos opciones: tratar de comprender la naturaleza externa y adaptar a ella nuestras actitudes y comportamientos por medio de la razón, o bien oponernos a ella, lo que nos obliga a enfrentarnos a situaciones que nos superan debido a su causalidad natural (*Enquiridión*, 53). Esto último es, por supuesto, irracional, frustrante e inútil, precisamente todo lo que un estoico intenta evitar.

2. *La naturaleza humana*

En la primera parte del *Enquiridión*, Epicteto enumera los recursos psicológicos que permiten a las personas maduras vivir con libertad en la naturaleza según la hemos definido en el párrafo anterior. El tema de la libertad le sirve para diferenciar la mente de todo lo que normalmente consideramos los componentes básicos de nuestro ser: el cuerpo, la identidad adquirida y el estatus. Esta parquedad de términos le permite concebir la mente como el único espacio en que el ser humano puede ser libre de forma incondicional, soberana y sin restricciones. Para Epicteto, la mente, en la que se incluye el juicio, la motivación y la voluntad, es completamente «nuestra». De hecho, *es* nosotros siempre y cuando nos concentremos en nuestros poderes de autodeterminación y no permitamos cosas de las que el mundo se sirve para controlar nuestros deseos y aversiones (*Enquiridión*, 2).

Epicteto define de distintas formas la vida de excelencia del ser humano libre. Una de ellas es «mantener la voluntad en armonía con la naturaleza» (*Enquiridión*, 4). El término griego que he traducido como «voluntad» (*prohairesi* en griego) también puede traducirse como «decisión» o «elección». El significado griego abarca tanto el carácter general de una persona como la puesta en práctica de una determinada decisión o elección. Los primeros estoicos la definían como la facultad psicológica de la «conformidad». La armonía con la naturaleza se consigue proyectando la voluntad o conformidad sobre aquello que podemos controlar (deseos, juicios, motivaciones) y adaptándonos a lo demás con ayuda de la razón y del conocimiento de la naturaleza externa.

Otra de sus definiciones favoritas procede del concepto estoico de «impresiones» o «representaciones» (*phantasia* en griego). La palabra no tiene aquí el sentido de «pensamientos imaginarios», como cabría esperar a partir de nuestra palabra «fantasía», sino que se refiere a todo lo que sucede en la mente, ya sean experiencias que nos afectan a través de los sentidos, es decir, que la «impresionan», pensamientos evocados deliberadamente o ideas que surgen de manera involuntaria (*Enquiridión*, 1; *Disertaciones*, 7). Las representaciones pueden ser claras o borrosas, verdaderas o falsas; simples, como ver a nuestro perro; ficticias, como la idea de Superman, o complejas, como el concepto de agujero negro. Si bien la gama de representaciones es infinita, lo que realmente interesa a Epicteto son los fenómenos mentales que ponen en peligro la autonomía y la serenidad de la persona, porque están gobernados por potentes sentimientos capaces de extraviarnos. A todos nos afectan estas representaciones en algún momento, y la experiencia en sí misma suele ser espontánea y escapar a nuestro control inmediato, por ejemplo, una fantasía sexual, un ataque de pánico, la preocupación por la propia salud o por la familia, la ansiedad por la situación mundial, etc. Para vivir de la forma más plena posible, Epicteto nos recomienda enfrentarnos a ellas, especialmente a las más perturbadoras, y desarrollar recursos para gestionarlas, interpretarlas y comprender cómo y cuándo nos asaltan. De este modo, conseguiremos poner las representaciones, o al menos nuestra reacción a ellas, bajo el control de la voluntad y la capacidad de conformidad (*Disertaciones*, 7, 9).

3. *Valores*

Esencial a estas ideas de la naturaleza externa y de la naturaleza humana es la manera radical en que los estoicos clasifican los valores. La siguiente tabla ayuda a comprender este aspecto de su filosofía.

Buenos	Malos	Indiferentes
Esencialmente beneficiosos	Esencialmente perjudiciales	Esencialmente ni beneficiosos ni perjudiciales
dependen de la voluntad	dependen de la voluntad	no dependen de la voluntad
virtud, sabiduría felicidad	vileza, estupidez infelicidad	pobreza riqueza
dependen de la mente	dependen de la mente	no dependen de la mente
armonía con la naturaleza	desarmonía con la naturaleza	

La clave en esta clasificación es la noción de que lo bueno y lo malo son cualidades pertenecientes a la mente, el carácter y el comportamiento del ser humano, y en absoluto pertenecen a la naturaleza externa ni a los fenómenos externos (*Enquiridión*, 6, 19, 31). Esta doctrina reduce lo bueno y lo malo al beneficio o perjuicio que nos causamos a nosotros mismos cuando elegimos actuar y reaccionar de una determinada manera. Lo bueno y lo malo conservan sus respectivas cualidades de «beneficioso» o «perjudicial», pero la filosofía estoica limita el ámbito del beneficio (lo bueno) y el perjuicio (lo malo) de acuerdo con los criterios resumidos en la tabla.

Estrictamente hablando, para ser buenas o malas, las cosas tienen que ser esencialmente beneficiosas o perjudiciales. Algo bueno, como por ejemplo la sabiduría, es siempre, incondicionalmente, beneficioso para la persona sabia. Si la sabiduría es esencialmente beneficiosa, la estupidez será, por lo tanto, esencialmente perjudicial. Todo lo demás pertenece a la categoría de lo indiferente (*adiaphora* en griego; *Enquiridión*, 32), es decir, son fenómenos que no son esencialmente beneficiosos ni perjudiciales. Lo indiferente es una categoría muy amplia, porque está compuesta por elementos que no tiene sentido calificar de beneficiosos o perjudiciales, como por ejemplo el número de pelos en la cabeza de alguien o la preferencia por un guisante en particular en vez de otro. Sin embargo, los estoicos incluyen en esta categoría muchos fenómenos que *de forma natural* preocupan o desagradan a la mayoría de las personas, como la riqueza o la salud, la enfermedad o la pobreza.

Los estoicos iniciaron una enorme e interminable controversia al no incluir ese tipo de fenómenos en las categorías de lo bueno y lo malo. Fueron, además, absolutamente conscientes de ello, y ninguno lo ha expresado de manera más mordaz que Epicteto (*Enquiridión*, 6, 19, 24, 25, 29, 31, 32). La reforma lingüística y conceptual de los estoicos —pues en el fondo consiste en eso— nos propone enfrentarnos a una serie de preguntas: (1) ¿Las cosas convencionalmente buenas como la riqueza y la salud son siempre esencialmente beneficiosas? (2) ¿Son necesarias para la felicidad?

(3) ¿Dependen de nuestra voluntad? (4) ¿Dependen de la mente? (5) ¿Están en armonía con nuestra naturaleza racional? Si las respuestas a todas estas preguntas son categóricamente negativas, como concluyeron los estoicos, no podemos estar seguros de alcanzar la felicidad si la condicionamos a obtener tales cosas o evitar las contrarias. Es más, al condicionar la felicidad a la circunstancia, lo que en realidad estamos haciendo es renunciar a nuestra autonomía y ecuanimidad y arriesgarnos al desánimo y la frustración. Por el contrario, si reducimos lo bueno y lo beneficioso al ámbito de la virtud y la sabiduría, que dependen de la mente, abriremos la puerta a una felicidad acorde con nuestra naturaleza de seres racionales y sabremos adaptarnos eficazmente a la naturaleza externa y a cualquier otro fenómeno o circunstancia que escape a nuestro control.

A menudo quienes se enfrentan por primera vez a la filosofía estoica la tachan de poco pragmática y de no prestar atención a las aspiraciones humanas. Sin embargo, hay que matizar. En primer lugar, los estoicos están de acuerdo en que los seres humanos preferimos de forma natural la salud y la prosperidad, y que nuestra actitud hacia sus contrarios es naturalmente negativa. En segundo lugar, también están de acuerdo en que una vida armoniosa no es posible si se ignoran dichas preferencias y aversiones naturales. Pero hay que distinguir inequívocamente entre preferencia y rechazo natural y «deseo» y «aversión», pues en estos últimos sí empeñamos nuestra voluntad y ciframos nuestras esperanzas de felicidad (*Enquiridión*, 2). Normalmente, al desear o sentir aversión por algo, le concedemos una gran importancia. Epicteto, en cambio, nos recomienda no «desear» tener salud y hacer de ella una premisa para ser felices, sino aceptarla con agradecimiento si se cruza en nuestro camino.

El quid de la cuestión es, por lo tanto, identificar qué es necesario y suficiente para la felicidad. Para los estoicos, una persona *puede* florecer en la adversidad y *puede* fracasar en su deseo de vivir bien en circunstancias favorables. De este modo, una vida humana de éxito consiste en el desarrollo de la naturaleza racional, que es al mismo tiempo nuestro derecho y nuestro objetivo (*Disertaciones*, 8 y 9). En esta empresa, los dones de la fortuna, la consecución de nuestras preferencias naturales y el evitar naturalmente las cosas que nos desagradan no tienen importancia; lo que cuenta es «hacer de la razón nuestro principio decisivo en todo», tanto en la adversidad como en la prosperidad (*Enquiridión*, 51).

Es el lector quien debe decidir si acepta y hasta qué punto esta clasificación de valores. En mi opinión, diferenciar categóricamente entre beneficios y perjuicios mentales (aquello que «depende de nuestra voluntad», en palabras de Epicteto) y el valor de las cosas cuya causa es ajena a nuestras intenciones y responsabilidades individuales es una de las mayores contribuciones de los estoicos. Lo categórico de la diferenciación subraya la importancia ética de identificar los beneficios y perjuicios de los que somos responsables debido a nuestras intenciones y reacciones emocionales. Evidentemente, queda por demostrar que sea posible aislar los sucesos externos de las condiciones para la felicidad y controlarlos directamente por medio de la voluntad y los deseos. ¿Acaso no es natural y completamente humano creer que la felicidad depende en gran medida de las circunstancias externas? ¿Es el estoicismo una forma de vida accesible al común de los seres humanos, dada la falibilidad e imperfección de la mayoría de nosotros?

A primera vista, Epicteto resulta duro y severo. Sin embargo, como maestro, su objetivo es enseñar a sus discípulos a *progresar* (*Enquiridión*, 12, 13, 48, 51) hacia el ideal estoico y no conformarse con la simple normalidad. Es completamente consciente de que atenerse con coherencia a la escala de valores descrita más arriba es un camino de perfección superior incluso a sus propias enseñanzas. Sin embargo, no le interesa la heroicidad de los logros sino la aproximación al ideal, la puesta en práctica de la escala de valores en situaciones que nos atormentan y que socavan nuestro rendimiento en la vida cotidiana. Para estudiar el pensamiento de Epicteto no es necesario adherirse al determinismo y a la teología de la providencia de la filosofía estoica. Sin embargo, si lo interpretamos como una toma de conciencia de los dones del ecosistema, su actitud reverencial hacia la divinidad está muy acorde con nuestra época (*Enquiridión*, 31; *Disertaciones*, 7). He incluido un apéndice de Lecturas Complementarias al final del libro para que el lector pueda llevar a cabo una muy recomendable profundización en el estudio de las principales características de las teorías de Epicteto.

ÉTICA Y LIBERTAD

La teoría estoica de lo bueno y lo malo coloca a estos pensadores entre los filósofos que piensan que el objeto del juicio *moral* debe ser la voluntad y la intención de la persona, no sus acciones y las consecuencias que estas acarreen. Sin embargo, el principal objetivo de la teoría, tal y como aparece en el *Enquiridión*, parece ser la consecución de felicidad y la serenidad por parte del propio agente, no del resto de las personas. Este aparente egoísmo parece incompatible con un interés profundo por el bienestar de los otros seres humanos. En ese caso, ¿la moral de la que se nos habla en el *Enquiridión* y en las *Disertaciones* incluye el bienestar del otro y el comportamiento altruista?

La respuesta de Epicteto es notablemente eficaz si coincidimos con él en que «todo ser vivo tiende de forma natural a huir y alejarse tanto de lo que le parece dañino como de sus causas, y a perseguir y admirar tanto lo que le resulta beneficioso como sus causas» y que «allí donde reside el interés está la devoción» (*Enquiridión*, 31). De acuerdo con este punto de vista estoico, la ética empieza con y debe adaptarse al interés humano básico en nuestro propio beneficio o bien individual. El altruismo no es nunca un punto de partida. Para dar lugar al bien del otro, Epicteto necesita demostrar que su mensaje de libertad mental no implica un beneficio egoísta, sino que es socialmente ventajoso y está además en consonancia con la vida en armonía con la naturaleza humana interpretada en sentido amplio.

No dejarnos afectar por emociones como la envidia, el miedo o la ira, y además poseer las virtudes opuestas —la paciencia y el autocontrol—, nos beneficia mucho como individuos (*Enquiridión*, 10). Para una persona serena la serenidad es un bien evidente cuyo beneficio, dado que las emociones negativas causan comportamientos agresivos y dañinos, redunda en su familia, amigos y conocidos. En el mundo contemporáneo habitualmente hablamos de ética en contextos en los que se han *violado* determinadas normas de conducta (comercial o sexual, por ejemplo) o se ha producido cualquier otra forma de alteración del orden. El concepto de libertad de Epicteto cumple con el imperativo moral de no dañar al otro.

Sin embargo, ¿por qué cumplir con imperativos morales positivos o, en otras palabras, por qué simplemente abstenerse de no dañar al otro en lugar de tratarlo con empatía y consideración deliberadas? ¿Puede nuestro interés por la libertad y la serenidad conducirnos a ser amables y altruistas? Tradicionalmente, los filósofos estoicos han sostenido que el instinto de conservación tiene un poderoso componente social que comienza en la familia y se extiende a la comunidad local y más allá. Aunque Epicteto no trata el tema directamente, en muchos pasajes de su obra podemos observar que está a favor de esta postura. Habla de defender, por ejemplo, a los amigos y a la patria siempre y cuando no se atente contra el propio honor (*Enquiridión*, 24, 32). Tiene mucho que decir sobre los roles apropiados en las relaciones familiares, con énfasis en lo que nos incumbe a nosotros mismos, a diferencia de lo que podemos esperar a cambio (*Enquiridión*, 17, 24, 30, 32 y 43). Su interés por el tema de la liberación de las emociones inhabilitantes se pone de manifiesto en el ejemplo de la lucha a muerte de los hijos de Edipo por el trono (*Enquiridión*, 31 y *Disertaciones*, 5).

Sus numerosos *memento mori* respecto a la esposa y los hijos (*Enquiridión*, 3, 7, 11, 14) pueden resultar deprimentes hasta que reflexionamos acerca de la elevada mortalidad infantil de la época y nos damos cuenta de que no pecan de insensibilidad, sino que nos urgen a cuidar de nuestros seres queridos mientras se nos permita gozar de su compañía. La libertad emocional subyacente a este mensaje tiene una enorme relevancia ética, pues amplía el espacio de actuación y el abanico de lo que podemos hacer. Séneca lo diría con palabras memorables en plena época de Nerón: «La recompensa a nuestros esfuerzos es la libertad. ¿Qué es libertad, preguntas? Libertad es no ser esclavo de ninguna cosa, necesidad o contingencia; libertad es atraer a la fortuna a una competición leal. El día que comprenda que soy más fuerte que ella dejará de tener poder sobre mí» (*Epístolas morales a Lucilio*, 51, 9).

¿LIBRE ALBEDRÍO?

Como decía más arriba, el término griego *prohairesis* puede traducirse como «voluntad», pero también como «decisión» y como «elección». Epicteto afirma que estos tres conceptos son «naturalmente libres» porque «dependen de nuestra voluntad» (*Enquiridión*, 1), de lo que se deduce que hasta cierto punto el autor concibe la posibilidad del libre albedrío. ¿Creía también en la «libertad de la voluntad»? Tal expresión peca de una vaguedad y oscuridad notables. A veces parece que quiere decir que una misma persona *podría haber elegido*, en la misma situación, actuar de forma distinta a como lo ha hecho, concediéndole así la posibilidad de un futuro genuinamente alternativo. Este concepto puede definirse como libertad indeterminista.

Sin embargo, no era lo que Epicteto tenía en mente. Su apasionada defensa de la autonomía (por ejemplo, en *Disertaciones* 9) puede hacernos creer que el ámbito mental de la libertad carece de límites, pero esto es una hipérbole. Epicteto, como sus predecesores estoicos, cree en la existencia del «destino», es decir que nada, ni siquiera nuestras propias acciones, sucede sin una causa predeterminada. A ojos de la divinidad, las vidas humanas, incluyendo las decisiones y elecciones específicas que cada ser humano tome durante el transcurso de su existencia, están definidas y fijadas de antemano. A Epicteto no le interesa la explicación o la oportunidad de nuestra toma de decisiones (es decir, si podríamos haber llegado a ser diferentes de lo que somos), sino lo que pretendemos con las elecciones y decisiones que tomamos y cómo ejercemos nuestra capacidad de «asentir» (*Disertaciones*, 4, 6). «Aquel que quiera ser libre, que no desee nada y que no huya de nada que dependa de otros» (*Enquiridión*, 14).

Por supuesto, la mayoría de los seres humanos no somos tan parcos en nuestras aspiraciones. Nos arriesgamos alegremente a ser esclavos de la fortuna y nos empeñamos en alcanzar objetivos imposibles. Para Epicteto, los seres humanos renunciamos con frecuencia al libre albedrío, que es nuestra mejor capacidad natural. En este sentido, la libre voluntad, es decir, el no desear nada que no dependa de uno mismo, no forma parte de la

condición humana, sino que es un difícil logro filosófico que consiste en un estado mental y en un
carácter *libre de* frustración y desánimo y *libre de
hacer* lo que desee porque no desea nada que no
pueda lograr.

SOBRE ESTA TRADUCCIÓN

Esta traducción está enmarcada en una colección cuyo objetivo es hacer accesible la sabiduría y el pensamiento de los antiguos a los lectores modernos. Por un lado, el contenido y el tono conversacional del autor, además de su lenguaje sencillo y directo, propicia de por sí una cercanía con el lector. Sin embargo, ciertos rasgos estilísticos —el empleo de la antítesis, el ritmo, las enumeraciones, las aliteraciones o las rimas internas...— pueden chocar más al público actual: se trata de características esenciales del *Enquiridión* y por eso son aspectos que se han querido conservar. Se ha tratado, no obstante, de proponer al lector una traducción comprensible y de máxima legibilidad, sin caer en un tono plano ni excesivamente coloquial.

En lo que se refiere a los conceptos propiamente filosóficos se ha procurado traducir los términos de carácter técnico de una manera accesible: por ejemplo, se traduce *prohairesis* por «voluntad» y *phantasia* por «representación» (frente a otras posibilidades como «albedrío» o «impresión», respectivamente). Son, en cualquier caso, términos que aparecen definidos en el Glosario y para los que se ofrecen otras traducciones posibles.

En España, la primera edición (en griego y en latín) de las obras de Epicteto aparece en Salamanca en 1555, y la primera traducción del *Enquiridión* (Salamanca, 1600) corre a cargo del gran humanista cacereño Francisco Sánchez de las Brozas, el Brocense. Dentro del ambiente neoestoico que recorría Europa, aparece un lustro después de la de Gonzalo Correas (Salamanca, 1630), la versión en verso de Quevedo (Madrid-Barcelona, 1635) que tomaba en consideración tanto la del Brocense como la de Gonzalo Correas, y otras versiones en otros idiomas. Habría que esperar hasta comienzos del siglo XIX para encontrar otra traducción reseñable del filósofo: la versión en griego y español a cargo de José Ortiz y Sanz; y hasta finales del siglo XX para contar con rigurosas versiones filológicas, como la de José Manuel García de la Mora (Barcelona, 1991) o la de Paloma Ortiz García (Madrid, 1995), quien previamente había traducido los discursos (o disertaciones) de Epicteto. En el siglo XXI, el interés por la figura de Epicteto cobra nueva fuerza con una multitud de ensayos dedicados a su filosofía.

La traducción, directa del griego, se basa en la edición de William Oldfather para la Loeb Classical Library: *Epictetus. The Discourses as reported by Arrian, The Manual, and Fragments*, 2 vols., Cambridge, Mass., Harvard University Press, 1925-1928.

SOBRE EL *ENQUIRIDIÓN*

Arriano, a quien debemos la obra de Epicteto, describe el *Enquiridión* como «una selección de discursos de Epicteto que contiene lo más selecto, esencial y espiritualmente estimulante de su filosofía» (Britain and Brennan, 2002, vol. I, p. 38). Sus palabras nos llegan a través de Simplicio, filósofo platónico y comentarista de Aristóteles, que escribió un comentario sobre el texto en el siglo VI d. de C., en el que lo definía anacrónicamente como una introducción al platonismo. En la Edad Media, el *Enquiridión* fue adaptado y parafraseado a mayor gloria del cristianismo (Boter, 1999). Al menos cincuenta y nueve manuscritos griegos atestiguan la popularidad de la obra.

El título de *Enquiridión* no es invención de Arriano. La voz griega *cheir* significa «mano», y *encheiridion* es literalmente algo pequeño que se porta en la mano. Anteriormente, algún filósofo epicúreo había usado la palabra para aludir a una colección de temas diversos. Al elegir esta palabra para el título de su compendio del pensamiento de su maestro, es evidente que Arriano quiere trasladar un significado de «manual». En su acepción más antigua, la palabra *encheiridion* alude a un cuchillo o puñal. Quizá Arriano quiso sugerir esa función defensiva o protectora de la obra. Esto estaría de acuerdo con su consejo inicial de mantener siempre la obra «a mano» (*procheiron*). Erasmo, en clara imitación, publicaría en 1501 su *Enchiridion militis Christiani* (*Manual del caballero cristiano*).

La longitud de los cincuenta y tres capítulos del *Enquiridión* va desde el ensayo breve (23, 24, 29), hasta el escueto par de frases (37, 41, 50), pasando por un largo listado de cosas aconsejables y desaconsejables (33). Cada capítulo es independiente, pero la colección tiene una innegable estructura unitaria. El primer capítulo, en el que se detalla *lo que depende y lo que no depende de la voluntad*, sirve a modo de introducción. El 53 cierra la obra con una serie de citas admonitorias. Hacia la mitad, en el capítulo 22, Epicteto termina con los consejos generales sobre el modo de alcanzar la libertad y la serenidad y empieza a dirigirse específicamente a los aspirantes a filósofos. Nunca los denomina estoicos, seguramente porque no le interesa la adscripción a tal o cual escuela sino la vida exigente y austera, pero modesta y sencilla, a la que todo filósofo digno de tal nombre debe consagrarse. No obstante, en algunos de los capítulos finales (36, 42, 45, 49 y 52) se hace referencia a doctrinas específicamente estoicas, como explico en el Glosario.

En las *Disertaciones*, Epicteto recurre a menudo al estilo dialógico. El capítulo 24 del *Enquiridión* está también escrito en forma de diálogo y el 29 reproduce casi textualmente el capítulo 3.15 de *Disertaciones*. En general, podemos decir que el *Enquiridión* es más autoritario y menos discursivo que las *Disertaciones*. A pesar de ello, al leer los capítulos seguidos emerge una filosofía vital, coherente, cuyo concepto básico es la libertad que proporciona la visión estoica de la naturaleza. Recomiendo al lector prestar atención a los razonamientos implícitos derivados del uso constante de las cláusulas condicionales: «si deseas esto, entonces las consecuencias serán...», etc.

A diferencia de muchas otras obras griegas, la transmisión del pensamiento de Epicteto está libre de graves contaminaciones y no tiene grandes errores de copista. Esta traducción del *Enquiridión* se basa fundamentalmente en el texto griego de la edición de Oldfather en Loeb Classical Library (1925-1928), basada a su vez en la de Schenk (1916). En la selección de las *Disertaciones* se sigue el texto de Loeb Classical Library sin alteraciones.

EL ARTE DE SER LIBRE

EL *ENQUIRIDIÓN*

1

De las cosas que existen, unas dependen de nosotros, otras no. De nosotros dependen la facultad de hacer juicios de valor, la motivación, el deseo, la aversión y, en una palabra, todo cuanto es una acción propia. No dependen de nosotros el cuerpo, las propiedades, la reputación, los cargos y, en una palabra, todo cuanto no es una acción propia. Además, las cosas que dependen de nosotros son por naturaleza libres y carecen de impedimentos y obstáculos, mientras que las que no dependen de nosotros son débiles, serviles, llenas de impedimentos y ajenas. Recuerda, entonces, que si consideras que las cosas serviles por naturaleza son libres y que las ajenas te son propias, te sentirás impotente, triste e inquieto, y llenarás de reproches a los dioses y a los hombres. Pero si piensas que solo es tuyo lo que es tuyo y que lo que es ajeno es ajeno, como así es en realidad, nadie te coaccionará jamás, nadie te pondrá obstáculos, no reprocharás nada a nadie ni formularás acusaciones, no harás nada contra tu voluntad, nadie te hará daño, no tendrás ningún enemigo, y no sufrirás más perjuicios.

Albergando tan altas aspiraciones, recuerda que para alcanzarlas no basta un esfuerzo moderado, sino que hay cosas a las que has de renunciar por completo, y aplazar otras de momento. Pero si deseas tener estas cosas y, además, cargos y riquezas, es probable que no obtengas estos últimos por el hecho de ambicionar también las primeras; en cualquier caso, te quedarás sin alcanzar aquellas cosas que son las únicas que procuran libertad y felicidad.

Así que, a partir de ahora, acostúmbrate a contestar ante cada representación dolorosa que te venga a la cabeza: «Eres solo una representación, en absoluto la cosa que representas». A continuación, examínala y sométela a tu valoración, siguiendo las reglas de que dispongas. La primera regla (y la más importante) es la de si forma parte de las cosas que dependen de ti o de las que no lo hacen. En el caso de que forme parte de las que no dependen de ti, ten a mano esta respuesta: «No me incumbe».

2

Recuerda que el deseo promete la obtención de aquello que se desea, mientras que la aversión promete no encontrarse con aquello que se aborrece, y que quien no consigue el objeto de su deseo carece de suerte, mientras que el que se encuentra con aquello que rechaza corre mala suerte. Sin embargo, si de entre las cosas que dependen de ti limitas tu aversión solo hacia las cosas contrarias a la naturaleza, no te encontrarás con nada de lo que rechazas, pero si sientes aversión hacia la enfermedad, hacia la muerte o hacia la pobreza, atraerás aquello que no deseas. Así que aparta tu aversión de todo aquello que no depende de ti y dirígela hacia las cosas contrarias a la naturaleza que sí dependen de nosotros. Para empezar, suprime completamente todo deseo, ya que si sientes deseos de algo que no depende de ti, inevitablemente lo atraerás, y tampoco estarán a tu alcance las cosas que sí dependen de ti y que sería bueno desear. Emplea tan solo la motivación y la desmotivación, pero levemente, con reserva y moderación.

3

Por lo que respecta a todo lo que te guste, te resulte atractivo o de utilidad, acuérdate de repetirte qué es, empezando por las cosas más insignificantes. Si te gusta un jarrón, di: «Me gusta este jarrón», y si se rompe en pedazos, no te perturbará. Si besas a tu hijo o a tu mujer, repítete que estás besando a un ser humano, y así, si mueren, no te sentirás conmocionado.

4

Cada vez que empieces una acción, recuérdate a ti mismo de qué tipo de acción se trata. Si sales a darte un baño, ten en cuenta lo que suele ocurrir en los baños públicos: que la gente salpica, empuja, insulta, roba. De este modo, emprenderás tu acción con mayor seguridad si en ese mismo instante te dices: «Quiero darme un baño y además quiero que mi voluntad esté en armonía con la naturaleza». Practica esto en cada acción diaria. Porque así, si algo te impidiera darte el baño, tendrías a mano esta respuesta: «No quería solo eso, sino también que mi voluntad estuviera en armonía con la naturaleza; cosa que no lograré si me enfado por lo que está sucediendo».

5

No son las cosas las que perturban a las personas, sino los juicios que se forman sobre ellas. La muerte, por ejemplo, no es nada horrible (de lo contrario, así se lo habría parecido a Sócrates). Es el juicio que hacemos sobre la muerte —considerarla horrible— lo que lo es. Por eso, cada vez que nos encontremos con un impedimento y nos sintamos preocupados o tristes, no le echemos la culpa a nadie salvo a nosotros mismos, es decir, a nuestros propios juicios. Hacer responsables a otros cuando las cosas salen mal es un comportamiento típico del que no ha comenzado su aprendizaje; el que lo ha iniciado, se culpa a sí mismo; el que lo ha completado, no se echa la culpa ni a sí mismo ni a otro.

6

No presumas nunca de méritos ajenos. Si fuera tu caballo el que proclamara con orgullo: «Soy hermoso», sería aceptable. Pero cuando eres tú el que orgullosamente dice: «Tengo un hermoso caballo», que sepas que te estás enorgulleciendo de las bondades de tu caballo. ¿Qué es tuyo, en realidad? El uso que haces de las representaciones. Solo podrás presumir cuando en el uso de las representaciones te comportes conforme a la naturaleza, porque entonces te estarás enorgulleciendo de un bien que es tuyo.

7

Como cuando en un viaje el barco echa el ancla y desembarcas para proveerte de agua. En el camino puedes recoger algo secundario, algún insignificante crustáceo, alguna insignificante raíz, pero tienes que mantener tu atención puesta en el barco y girarte continuamente por si el capitán te llama. Si lo hace, tienes que deshacerte de todo y volver raudo si no quieres que te suban a bordo atado como el ganado. Lo mismo en la vida: si en lugar de una raíz o un crustáceo recibes una esposa o un hijo, no habrá ningún problema. Pero si el capitán te llama, corre hacia el barco, dejando todo eso atrás, sin volver la vista siquiera. Y si eres viejo, no te alejes mucho del barco, no sea que no estés cuando te llame.

8

No te empeñes en que las cosas sucedan como deseas, desea mejor que las cosas sucedan como suceden, y tu vida fluirá apaciblemente.

9

La enfermedad es un impedimento para el cuerpo, no para la voluntad, a no ser que esta última así lo quiera. La cojera es un impedimento para la pierna, no para la voluntad. Repítete eso en cada cosa que te sobrevenga, y descubrirás que es un impedimento para cualquier otra cosa, pero no para ti.

10

En cada situación que te sobresalte, acuérdate de buscar dentro de ti mismo qué capacidades posees para manejarla. Si ves a un chico o a una chica especialmente hermosos, descubrirás que la capacidad que se precisa ante ello es el autodominio. Si recae sobre ti una pesada carga, necesitarás la resistencia. Si es un insulto, la paciencia. Si te acostumbras a esto, no te sentirás arrastrado por las representaciones.

11

Nunca digas acerca de nada: «Lo he perdido», sino: «Lo he devuelto». ¿Ha muerto tu hijo? Ha sido devuelto. ¿Ha muerto tu esposa? Ha sido devuelta. «Me han robado las tierras.» También esto ha sido devuelto. «Pero el que me las ha robado es un malhechor.» ¿Y a ti qué más te da a través de quién te lo reclama quien fue tu dador? Mientras tengas estas cosas, cuida de ellas como si no fueran tuyas, como hacen los viajeros en un albergue.

12

Si quieres progresar, deja a un lado esta forma de pensar: «Si descuido mis asuntos, no tendré una forma de sustento»; «Si no castigo a mi esclavo, se volverá un vago». Es preferible morir de hambre libre de pena y de temores, que vivir en la abundancia pero atormentado. Y mejor, también, que el muchacho sea un mal esclavo que no que tú seas un desgraciado. Así que comienza por las pequeñas cosas: si se derrama un poco de aceite o te roban un poco de vino, repítete a ti mismo: «Este es el precio de la imperturbabilidad, y este el precio de la tranquilidad. Nada es gratuito».

Cuando llamas a tu esclavo, ten en cuenta que puede no oírte, o que, aunque sí te oiga, no haga nada de lo que quieres. En cualquier caso, no se encuentra en tan buena situación como para que tu paz interior dependa de él.

13

Si quieres progresar, soporta que las circunstancias externas te granjeen una reputación de insensato e idiota; para nada pretendas pasar por sabio. E incluso si hay quienes te consideran uno, desconfía de ti mismo. Debes saber que no es fácil mantener tu voluntad en armonía con la naturaleza y ocuparte, al mismo tiempo, de las circunstancias externas. De hecho, si te ocupas de lo uno, tienes que despreocuparte inevitablemente de lo otro.

14

Si quieres que tus hijos, tu mujer y tus amigos estén vivos a toda costa, eres un necio, ya que pretendes que dependa de ti lo que no depende de ti y que sean tuyas cosas que te son ajenas. Igualmente, si quieres que tu esclavo no cometa errores, eres un tonto, ya que pretendes que un fallo no sea un fallo, sino otra cosa. Pero si lo que quieres es no equivocarte a la hora de desear algo, eso sí puedes lograrlo. Practica aquello que está en tus manos logar. El dueño de alguien es aquel que tiene el poder de proporcionarle o arrebatarle lo que desea o no desea. Por eso, aquel que quiera ser libre, que no desee nada y que no huya de nada que dependa de otros; de lo contrario, inevitablemente será un esclavo.

15

Recuerda que en la vida debes comportarte como en un banquete. ¿La bandeja que van pasando llega hasta ti? Extiende la mano y sírvete con moderación. ¿Pasa de largo? No la detengas. ¿Todavía no llega? No proyectes hacia algo lejano tu deseo, espera a que llegue hasta ti. Lo mismo con tus hijos, con tu mujer, con los cargos o la riqueza. Así, un día serás un digno invitado de los dioses. Pero si ante las cosas que se te presentan no solo no las tomas, sino que además las ignoras, serás digno de compartir mesa con los dioses, así como su poder. Actuando de este modo, Diógenes, Heracles y otros como ellos fueron llamados, merecidamente, hombres divinos.

16

Cuando veas a alguien llorando de pena por la partida de un hijo o por la pérdida de sus bienes, procura no dejarte arrastrar por la representación de que esa persona lo está pasando mal por circunstancias externas. Por el contrario, ten enseguida a mano esta idea: «Lo que a él le afecta no es lo que ha sucedido (pues ese hecho no afecta a todos por igual), sino su juicio acerca de lo sucedido». No dudes en acompañarle en su dolor con palabras, ni, si se da la circunstancia, en compartir sus lamentos, pero procura en todo caso no lamentarte también tú por dentro.

17

Recuerda que eres el actor de un drama que discurre como quiere el director: breve, si lo quiere breve; largo, si lo quiere largo. Si quiere que interpretes a un mendigo, representa tu papel convincentemente; o a un cojo, a un cargo público o a un particular, pues ese es tu objetivo: interpretar bien el papel asignado. Adjudicarlo es cosa de otro.

18

Cuando un cuervo lance graznidos de mal agüero, no te dejes arrastrar por tu representación; mejor establece enseguida la distinción dentro de ti y di: «Ninguna de estas señales va dirigida a mí, sino a este pobre cuerpo mío, o a mis escasas posesiones, o a mi pequeña reputación, o a mis hijos o a mi mujer. Para mí todas las señales son favorables si así lo quiero, porque, sea cual sea el desenlace, depende de mí sacar un beneficio de ello».

19

Puedes ser invencible si no entras en ninguna batalla de la que no dependa de ti salir victorioso. Cuando veas a alguien que goza de grandes honores, que es muy poderoso o que tiene una excelente reputación por el motivo que sea, no le consideres un hombre feliz, dejándote arrastrar por tu representación. Si la esencia del bien reside en las cosas que dependen de nosotros, no hay lugar ni para la envidia ni para los celos, y tú mismo no querrás ser ni un pretor, ni un senador, ni un cónsul, sino un hombre libre y feliz. Y solo hay un camino para serlo: el desprecio de lo que no depende de ti.

20

Recuerda que lo que hiere no es ni el que ofende ni el que agrede, sino tu juicio acerca de que ellos te están hiriendo. Por eso, cuando alguien te moleste, ten presente que es tu propio juicio lo que te molesta. Intenta, entonces, de primeras, no dejarte arrastrar por tu representación. Tras una pausa y algo de distancia, te será más fácil controlarte.

21

La muerte, el exilio y todas las demás cosas que te parecen terribles, ponlas cada día ante tus ojos —sobre todo la muerte—, y no albergarás jamás ningún sentimiento mezquino ni desearás nada en exceso.

22

Si tu anhelo es la filosofía, prepárate desde ya para soportar las risas y las burlas de la mayoría de la gente, y para que digan: «¡De repente se nos ha vuelto filósofo!», y también: «¿Por qué nos mira por encima del hombro?». Pero tú no los mires con arrogancia; limítate a proceder como mejor te parezca, como alguien a quien la divinidad le ha asignado ese lugar. Y recuerda que si te mantienes firme en tu posición, los que antes se reían de ti te admirarán más tarde, pero que si flojeas ante ellos, se reirán de ti el doble.

23

Si alguna vez sucede que vuelves tu mirada hacia las cosas externas por querer complacer a alguien, ten en cuenta que estarás echando a perder tus principios. Siente en todo momento la satisfacción de ser un filósofo, pero si además quieres que se te considere como tal, demuéstratelo a ti mismo y será suficiente.

24

No dejes que pensamientos como estos te preocupen: «Mi vida transcurrirá sin honores, seré un don nadie en todos los sitios». Pues si la deshonra es un mal (que lo es), no puedes hallarte en ese mal por culpa de otro, como tampoco en la vergüenza. ¿Acaso es cosa tuya obtener un cargo público o que te inviten a un banquete? En absoluto. Entonces, ¿cómo puede esto constituir un deshonor? ¿Cómo puedes ser un don nadie en todos los sitios si solo debes ser alguien en los asuntos que dependen de ti, y en ellos tienes la posibilidad de ser merecedor de un gran valor?

«Pero ¿tus amigos se quedarán sin tu ayuda?» ¿Qué quiere decir «sin tu ayuda»? No recibirán tu dinero, ni podrás convertirles en ciudadanos romanos, pero ¿quién te ha dicho que eso es algo que depende de ti, y no, más bien, asuntos ajenos? ¿Y quién puede dar a otro lo que ni él mismo posee?

«Consigue dinero, entonces —dirá alguno—, para que también nosotros lo tengamos.» Si soy capaz de conseguirlo manteniéndome honrado, íntegro y generoso, enséñame el camino y lo conseguiré. Pero si lo que me pedís es que pierda los bienes que de verdad me pertenecen para que vosotros obtengáis cosas que no son bienes, mirad vosotros mismos hasta qué punto sois injustos y egoístas. ¿Qué preferís? ¿Dinero o un amigo íntegro y honrado? Entonces ayudadme a ello, en vez de pedirme que lleve a cabo acciones que me hagan perder estos bienes.

«Pero mi patria —dirá alguno—, se quedará sin ayuda en lo que de mí dependía.» Una vez más: ¿cuál es esa ayuda? No tendrá pórticos ni baños públicos por tu culpa, ¿y qué? Tampoco recibe calzado por medio del herrero ni armas por medio del zapatero: basta con que cada cual desempeñe su propio cometido. Si tú le procuras a tu patria otro ciudadano íntegro y honrado, ¿no le estás siendo de utilidad? «Sí.» Entonces, tú tampoco resultarás inútil para ella.

Alguno dirá: «¿Qué posición ocuparé en la ciudad?». Aquella que te permita conservar al mismo tiempo tu honradez y tu integridad. Pero si queriendo prestar un servicio a tu ciudad, pierdes estas cosas, ¿de qué utilidad le serías si acabas convertido en una persona indigna y poco de fiar?

25

Si alguien ha sido elegido en tu lugar para un puesto de honor en una celebración o en una recepción, o para hacerle una consulta, si se trata de algo bueno, debes alegrarte de que le haya tocado. Pero si se trata de algo malo, no te disgustes porque no te ha tocado a ti. Recuerda que, como no haces lo que los otros hacen para obtener esas cosas que no dependen de ti, tampoco puedes exigirlas. ¿Cómo puede obtener las mismas ventajas el que no llama a las puertas de otros ni se arrima a ellos ni los halaga, que el que sí se dedica a hacerlo? Serías injusto y avaricioso si quisieras conseguir gratis esas cosas sin pagar el precio que piden por ellas.

¿Cuánto cuestan unas lechugas? Supongamos que un óbolo o algo así. Si alguien paga el óbolo, se lleva las lechugas. Tú, como no lo has pagado, no te las llevas. Pero no pienses que tienes menos que el que se las ha llevado: él tiene las lechugas y tú tienes el óbolo que no te has gastado. Es el mismo caso de antes: ¿no has sido invitado a una celebración? Eso es porque no has pagado al anfitrión lo que vale la cena. El precio son los halagos y las atenciones; si merece la pena, paga el precio que exige. Pero si no quieres pagar por ello y aun así quieres ser invitado, eres un avaricioso y un estúpido. ¿Acaso no tienes nada en lugar de la cena? Sí: el no tener que estar halagando a quien no quieres y no tener que aguantar ciertas situaciones a la entrada de su casa.

26

Es posible comprender el propósito de la naturaleza a partir de aquellas cosas en las que no nos diferenciamos unos de otros. Por ejemplo, cuando el esclavo de otro rompe una copa, enseguida estás preparado para decir: «Son cosas que pasan». Que sepas, pues, que cuando rompan la tuya debes comportarte exactamente como cuando se rompió la de otro. Aplica ahora esa conducta a situaciones más graves. Se ha muerto el hijo o la mujer de otro. Nadie habrá que no diga: «Es la condición humana». Sin embargo, cuando es el hijo de uno mismo el que muere, enseguida decimos: «¡Ay, desdichado de mí!». Deberíamos entonces recordar cuál fue nuestro sentimiento cuando nos enteramos de que esto mismo le pasó a otros.

27

Del mismo modo que no colocamos un blanco para errar el tiro, tampoco en el universo existe una naturaleza del mal.

28

Si alguien entregara tu cuerpo al primero que pasase, te pondrías furioso. Sin embargo, tú mismo entregas tu mente a cualquiera para que, si te insulta, esta caiga presa de la angustia y la confusión. ¿Esto no te avergüenza?

29

En cada acción, examina sus antecedentes y sus consecuencias, y solo entonces empréndela. De lo contrario, al principio la iniciarás con entusiasmo, porque no has considerado en absoluto los pasos siguientes, pero luego, en cuanto aparezcan algunas dificultades, renunciarás a ella vergonzosamente. ¿Quieres vencer en las Olimpiadas? También yo, ¡por los dioses!, porque es extraordinario. Pero examina sus antecedentes y sus consecuencias, y solo entonces emprende esa acción. Debes imponerte una disciplina, seguir una dieta estricta, privarte de dulces, entrenarte a la fuerza, en horarios preestablecidos, haga calor o haga frío, sin beber agua fresca ni vino según te apetezca. En una palabra, debes entregarte a tu preparador como si fuera tu médico. Más tarde, en la competición, deberás excavar para preparar el terreno. Es posible que en un momento dado te disloques una muñeca, te tuerzas un tobillo, te tragues un puñado de tierra, te caiga algún fustazo y que, después de todo eso, caigas derrotado.

Una vez valorado todo eso, si aún lo deseas, lánzate a competir. De lo contrario, te estarás comportando como los niños, que unas veces juegan a los luchadores, otras a los gladiadores, otras a tocar la trompeta y finalmente a ser actores de tragedia. También así eres tú: unas veces, un atleta, otras, un gladiador, luego, un orador y, finalmente, un filósofo, sin hacer nada con toda tu alma. Eres como un mono que imita todo lo que ve y que se siente atraído por todas las cosas, una tras otra. Has llegado a ese punto sin una reflexión y sin haberlo meditado a fondo, sin un plan y conforme a un vano deseo.

Así es como algunos, tras haber visto a un filósofo y haber oído a alguien hablar como Eufrates (¿acaso hay alguien capaz de hablar como él?), quieren también ellos dedicarse a la filosofía. ¡Pero hombre!, piensa primero de qué asunto se trata y luego estudia tu propia naturaleza, para ver si eres capaz de abordarlo. ¿Quieres dedicarte al pentatlón o a la lucha? Mira tus brazos, tus muslos, examina tus caderas, porque la naturaleza de cada cual se adapta a cosas distintas. ¿Crees que dedicándote a la filosofía podrás seguir haciendo las mismas cosas? ¿Comiendo de la misma manera, bebiendo de la misma manera, enfadándote igual, y sintiéndote insatisfecho del mismo modo? Tendrás que padecer desvelos y fatigas, apartarte de tus allegados, verte despreciado por un esclavo, sufrir las burlas de aquellos con los que te encuentres, verte rebajado en todo: en rango, en poder, en derechos, en cada mínimo asunto. Piensa en ello, en si estás dispuesto a pagar el precio de todas esas cosas a cambio de la imperturbabilidad, la libertad y la tranquilidad; de lo contrario, ni te acerques; no hagas como los niños: ahora filósofo, luego recaudador de impuestos, después orador y más tarde procurador del césar. Estas cosas desentonan entre sí. Tienes que ser una sola persona, o buena o mala. Tienes que cultivar o tu principio rector o tus cuestiones externas; centrar tu atención en tu interior o en el exterior, es decir, ocupar el lugar del filósofo o el del hombre común.

30

Las acciones convenientes se miden generalmente en función de las relaciones humanas. Tu padre: lo suyo es que te ocupes de él, ceder en todo, aguantarte si te maldice o te golpea. «¡Pero es un mal padre!» De acuerdo, pero ¿es que por naturaleza te corresponde un buen padre? No, simplemente un padre. «Mi hermano se porta mal conmigo.» Bien; ocupa tu lugar en tu relación con él y no mires lo que él hace, sino lo que tienes que hacer tú para que tu voluntad esté en armonía con la naturaleza. De este modo, nadie podrá dañarte si tú no quieres: sufrirás un daño solo cuando pienses que estás siendo dañado. Así que, si te acostumbras a observar las relaciones humanas —a través de tus vecinos, de los ciudadanos y de los pretores—, descubrirás lo que es conveniente.

31

La esencia de la devoción a los dioses es esta: tener unas rectas creencias sobre ellos (reconocer que existen y que gobiernan bien y con justicia el universo) y colocarte en disposición de obedecerles y aceptar todos los acontecimientos de buen grado, con la convicción de que estos son el resultado de su sublime decisión. De esta manera, nunca harás reproches a los dioses ni les acusarás dc no ocuparse de ti. Pero esto solo podrá suceder si separas el bien y el mal de las cosas que no dependen de ti y los vinculas exclusivamente a las que sí dependen de ti. Porque si consideras que algo que no depende de ti es bueno o malo, es del todo inevitable que, cuando no obtengas lo que quieres y te encuentres con lo que no quieres, hagas reproches a los dioses y los detestes por ser los responsables.

De hecho, todo ser vivo tiende de forma natural a huir y alejarse tanto de lo que le parece dañino como de sus causas, y a perseguir y admirar tanto lo que le resulta beneficioso como sus causas. Por eso, es inconcebible que quien cree que está sufriendo un daño disfrute de lo que piensa que le está dañando, de la misma manera que es imposible que disfrute del propio daño. De ahí que el padre sea maldecido por el hijo cuando no comparte con él las cosas que al hijo le parecen bienes. Fue esto —la creencia de que ser rey es un bien— lo que convirtió a Eteocles y Polinices en enemigos. Por eso, el campesino, el marinero, el comerciante y los que han perdido a sus mujeres e hijos maldicen a los dioses. Porque allí donde reside el interés, allí está la devoción. De este modo, aquel que se preocupa de encauzar sus deseos y sus aversiones como debe, se está ocupando al mismo tiempo de su capacidad de ser piadoso. Es conveniente para todos llevar a cabo las libaciones, los sacrificios y las ofrendas conforme a las costumbres ancestrales, con pureza, sin desgana ni descuido, sin mezquindad ni ostentación.

32

Cuando recurras a la adivinación, recuerda que no sabes lo que deparará el futuro (no en vano acudes al adivino). Pero, si eres filósofo, sabes ya de qué tipo de naturaleza son las cosas. Porque si se trata de algo que no depende de ti, necesariamente no es ni un bien ni un mal. Por eso, no te presentes ante el adivino con tu deseo o aversión a cuestas (de lo contrario, acudirás tembloroso ante él), sino con la certeza de que todo lo que deparc el futuro es indiferente y no te concierne y que, sea lo que sea, podrás hacer un buen uso sin que nadie te lo impida.

Recurre, pues, con confianza a los dioses, como si se tratara de tus consejeros; y después, una vez recibido el consejo, recuerda a quiénes has tomado como consejeros y a quiénes estarás desobedeciendo si lo desoyes. Acércate a la adivinación tal como lo recomendaba Sócrates:

para aquellos casos en los que el propósito de la consulta sea conocer el desenlace, y en los que carecemos de los medios para comprender el problema, ya sea la razón o cualquier otra técnica. De este modo, cuando tengas que afrontar un peligro a cuenta de un amigo o de la patria, no consultes con el adivino si debes hacerlo o no. Porque aunque el adivino te anuncie que los augurios son desfavorables —señal evidente de muerte, mutilación de algún miembro del cuerpo, o exilio—, la razón te exige que permanezcas igualmente al lado del amigo o que afrontes el peligro por tu patria. Por eso, presta atención al más importante de los adivinos, Apolo Pitio, que expulsó de su templo a aquel que no acudió en socorro de su amigo cuando lo estaban asesinando.

33

Establece ya para ti mismo un carácter y un estilo de vida, y cíñete a ellos, tanto frente a ti mismo como en relación con los demás. Mantente principalmente en silencio y habla lo estrictamente justo y necesario.

De manera esporádica, cuando lo requiera la ocasión, participa en la conversación, pero nunca sobre asuntos banales, como los combates de gladiadores, las carreras de caballos, los atletas, la comida o la bebida —los temas de siempre— y, sobre todo, jamás para criticar, elogiar o comparar a la gente. En la medida que te sea posible, conduce las conversaciones hacia lo conveniente mediante tus palabras. Pero si te encuentras completamente solo entre extraños, guarda silencio.

No te rías en exceso, ni por cualquier cosa, ni todo el tiempo.

Niégate en redondo a prestar un juramento, si es posible, y si no, hasta donde te permitan las circunstancias.

Evita los banquetes con personas ajenas a tu círculo; pero si en alguna ocasión acudes, pon atención en no reproducir comportamientos ordinarios. Porque has de saber que si un compañero se ha manchado, inevitablemente acabará también por ensuciar al que se roce con él, aunque se trate de una persona pura.

En lo relativo al cuerpo —la comida, la bebida, la ropa, la casa, los esclavos—, toma solo hasta donde necesites; desecha todo lo que está dirigido a la apariencia y el lujo.

En lo referente a los placeres sexuales, en la medida de lo posible procura mantenerte puro antes del matrimonio; pero si te entregas a ello, hazlo de forma lícita. En cualquier caso, no te muestres despectivo con quien lo practica ni lo censures, ni vayas proclamando por todas partes tu abstinencia.

Si te cuentan que alguien cualquiera habla mal de ti, en lugar de defenderte de las habladurías, contesta: «Obviamente desconocía mis otros defectos, porque de lo contrario no habría mencionado solamente esos».

No es indispensable acudir asiduamente a los espectáculos. Pero si se presenta la ocasión, no muestres tu apoyo a nadie salvo a ti mismo, es decir, desea siempre que suceda lo que sucede y que el vencedor sea justo el que es. De este modo, no te sentirás enojado. Abstente absolutamente de gritar y de reírte de cualquier cosa, o de dejarte llevar demasiado por la excitación. Y una vez que te hayas marchado, no gastes muchas palabras en comentar lo ocurrido y limítate a comentarios que contribuyan a tu mejora personal, porque, si no, daría la impresión de que te has quedado fascinado por el propio espectáculo.

No te presentes de manera deliberada ni por casualidad en las lecturas públicas de unos o de otros; pero si te presentas, mantén tu compostura y dignidad, teniendo a su vez un trato correcto.

Cuando vayas a ver a alguien, especialmente a personas consideradas importantes, pregúntate a ti mismo lo que hubieran hecho en tal caso Sócrates o Zenón, y no tendrás dificultad en manejar convenientemente la situación y tu comportamiento. Cuando visites a alguien con mucho poder, ponte en el supuesto de que no lo encontrarás en casa, que no te dejarán entrar, que te darán con la puerta en las narices, que no te atenderá. Pero si, a pesar de todo, tienes la obligación de ir, ve y aguanta lo que pase sin decirte en ningún momento a ti mismo: «No merecía la pena». Esa sería la reacción de un hombre común y corriente, de alguien al que le afectan las cosas externas.

En las conversaciones que mantengas, evita rememorar continua y exageradamente tus propias acciones y aventuras. Pues así como a ti te resulta agradable evocarlas, a los demás no les resulta tan grato escuchar lo que te ha sucedido. Evita también hacerte el gracioso. Este es un terreno resbaladizo que puede desembocar en la vulgaridad y que basta para empeorar el concepto que tus allegados tienen de ti. También es peligroso ponerse a hacer comentarios obscenos. Por eso, cuando suceda algo de este tipo, si la ocasión es propicia, recrimínaselo al que lo haga; si no lo es, pon de manifiesto tu enfado por su lenguaje, permaneciendo en silencio, con tu rostro enrojecido y una expresión de fastidio.

34

Cuando te llegue la representación de una forma cualquiera de placer, ten cuidado, como con el resto de representaciones, de no dejarte arrastrar por ella. Que el asunto espere y concédete un respiro. A continuación, piensa en estos dos momentos: un primer momento, en el que estarás disfrutando del placer, y un segundo momento, en el que, una vez que lo has disfrutado, te arrepentirás y te lo reprocharás. Compara estos dos momentos con la felicidad que sentirás si te abstienes, y cómo te felicitarás a ti mismo. Pero si te parece que es la ocasión perfecta para dejarte llevar por el placer, estate atento a no perderte en su encanto, dulzura y seducción. Valora cuánto mejor es disfrutar de la conciencia de esa victoria.

35

Cuando hagas algo habiendo tomado la decisión de hacerlo, no trates de evitar ser visto mientras lo haces, aunque la mayoría de la gente lo desapruebe. Si vas a obrar de forma incorrecta, evita la acción propiamente dicha; pero si actúas correctamente, ¿por qué temes a las personas cuyas críticas son infundadas?

36

Al igual que «es de día» y «es de noche» tienen un sentido pleno cuando forman una proposición disyuntiva {«o es de día, o es de noche»}, pero carecen de valor en una proposición conjuntiva {«es de día y es de noche»}, también escoger la ración más grande durante una comida tendrá valor para el cuerpo, pero carecerá de valor para el espíritu de convivencia y respeto hacia los demás. Por lo tanto, cuando vayas a comer con alguien, recuerda no solo observar el valor de lo que te ofrecen para el cuerpo, sino también guardar el debido respeto al anfitrión.

37

Si asumes un papel que está por encima de tus capacidades, no solo pierdes el decoro con él, sino que además desatiendes aquellos otros que sí serías capaz de desempeñar.

38

Igual que al pasear tienes cuidado de no pisar un clavo o de no torcerte el tobillo, pon también cuidado en no dañar tu principio rector. Si cuidas de él en cada acción, la emprenderás con mayor seguridad.

39

Para cada uno su cuerpo es la medida de lo que debe poseer, así como el pie es la medida de su calzado. Si te atienes a esto, mantendrás la medida correcta; pero si te pasas, acabarás arrastrado hacia un precipicio. Lo mismo en el caso del calzado: si vas más allá de lo que tu pie necesita, desearás primero un calzado dorado, después uno púrpura y después otro bordado. Una vez que has traspasado la medida, ya no hay límite alguno.

40

En cuanto cumplen catorce años, los hombres llaman «señoras» a las mujeres. Y así ellas, al ver que no tienen ninguna otra perspectiva más que acostarse con ellos, comienzan a acicalarse, depositando en esto todas sus esperanzas. Vale la pena hacerles entender que nuestro respeto se basa en su capacidad para comportarse de forma púdica y modesta.

41

Es señal de escasas cualidades interiores dedicar un tiempo excesivo a las cosas del cuerpo tales como hacer ejercicio, comer, beber, defecar, tener relaciones sexuales. A estas actividades debemos dedicarles un tiempo razonable, pues debemos también poner atención en nuestro desarrollo interior.

42

Cuando alguien te hace mal o habla mal de ti, recuerda que lo hace y lo dice convencido de que es lo que le corresponde. Es imposible que se deje guiar por tu opinión. Se guía por lo que opina él. Así, si lo que opina está mal, el que sufre un daño es él, que es el que se equivoca. De hecho, si alguien toma por falsa una proposición conjuntiva que es verdadera, quien sufre el daño no es la proposición, sino quien se equivoca. Teniendo en cuenta esto, te dirigirás al que te insulte movido por la indulgencia. Repítete esto cada vez: «Es su juicio».

43

Todo problema tiene dos caras, una que lo hace soportable y otra insoportable. Si tu hermano es injusto contigo, no lo tomes por la cara de «es injusto» (pues esa es la cara que convierte el hecho en insoportable); sino más bien por la de «es mi hermano», «nos hemos criado juntos», y así lo tomarás por la cara que lo hace soportable.

44

Ten en cuenta que razonamientos como estos son incongruentes: «Soy más rico que tú, luego soy mejor que tú»; «Soy más elocuente que tú, luego soy superior a ti». Estos otros son más congruentes: «Soy más rico que tú, luego mis posesiones son superiores a las tuyas»; «Soy más elocuente que tú, luego mi elocuencia es superior a la tuya». Pero tú no eres ni posesión ni elocuencia.

45

Si ves que alguien se lava deprisa; no digas que se lava «mal», sino «deprisa». Si ves a otro que bebe mucho vino; no digas que bebe «mal», sino «mucho». Porque antes de conocer sus razones, ¿cómo sabes que lo hace mal? Así no te ocurrirá que, teniendo una representación adecuada de un hecho, afirmes en cambio otra distinta.

46

Nunca te definas a ti mismo como filósofo ni charles en general entre la gente corriente sobre tus principios filosóficos; actúa simplemente de acuerdo a estos principios: por ejemplo, en un banquete no digas cómo se debe comer, sino come como se debe. Recuerda que Sócrates se había despojado hasta tal punto de toda forma de ostentación, que se dirigían a él con la intención de que les pusiera en contacto con filósofos, y él los llevaba a su encuentro. Hasta tal punto aceptaba no ser considerado uno de ellos. Si estando entre gente corriente la conversación recae sobre algún tema filosófico, guarda silencio cuanto sea posible, porque existe un gran riesgo de que vomites en ese instante lo que todavía no has digerido. Cuando alguien te diga que no sabes nada y tú no te ofendas, ten por cierto entonces que acabas de iniciar tu labor filosófica. Piensa que las ovejas no regurgitan el forraje a los pastores para mostrarles cuánto han comido, sino que, una vez que han digerido por dentro la hierba, producen lana y leche. Así, tampoco tú exhibas tus principios filosóficos, sino muestra las acciones que derivan de digerir esos principios.

47

Cuando hayas acostumbrado tu cuerpo a un estilo de vida frugal, no te jactes de ello, y si solo bebes agua, no vayas proclamándolo por todas partes. Si alguna vez quieres entrenar tu capacidad de resistencia, hazlo para ti y no para los demás: no abraces estatuas heladas; mejor, cuando estés extremadamente sediento, prueba un sorbo de agua fría y después escúpela sin decírselo a nadie.

48

La condición y el carácter del hombre corriente son que: jamás espera de sí mismo beneficio o daño, sino de las causas externas. La condición y el carácter del filósofo son que: espera de sí mismo todo beneficio y todo daño.

Las señales que distinguen a quien progresa son que: no critica a nadie, no elogia a nadie, no hace reproches a nadie, no acusa a nadie, no habla de sí mismo como si fuera importante o poseyera algún conocimiento. Se enfrenta a impedimentos y obstáculos considerándose a sí mismo el único responsable. Si alguien lo elogia, se ríe para sus adentros de quien lo hace; si alguien lo critica, no se defiende. Se comporta como los convalecientes, poniendo buen cuidado en no mover el miembro que se está curando hasta que no esté bien restablecido. Ha desterrado de sí todo deseo, y ha trasladado su aversión solo a las cosas que dependen de sí mismo y no están en armonía con la naturaleza. Frente a todo hace un uso moderado de su motivación. Parecer un idiota o un ignorante no le preocupa. En una palabra, se mantiene en guardia de sí mismo como si de un enemigo al acecho se tratase.

49

Cuando una persona presuma de ser capaz de entender y explicar los libros de Crisipo, piensa para ti mismo: «Si Crisipo no hubiera escrito en un estilo tan oscuro, esa persona no tendría nada de lo que enorgullecerse». Pero ¿qué quiero yo? Comprender la naturaleza y seguirla. Por eso, busco quien la interprete para mí; y oyendo que esa persona es Crisipo, acudo a él. Pero no entiendo sus escritos, así que busco quien me los interprete. Hasta aquí, nada hay de lo que sentirse orgulloso. Pero cuando encuentro un intérprete, todavía me queda poner en práctica las enseñanzas extraídas: este es el único motivo de orgullo. Si solo voy a valorar el simple hecho de la interpretación, ¿qué otra cosa habré logrado que convertirme en un gramático en vez de en un filósofo? Con la salvedad de que interpreto a Crisipo en lugar de a Homero. Así que, cada vez que alguien me diga: «Coméntame alguna lectura de Crisipo», me sonrojaré en vez de sentir orgullo por no ser capaz de mostrar que mis acciones encajan y están en consonancia con sus palabras.

50

En todas las cosas que te propongas, atente a ellas como si fueran leyes, como si transgredirlas fuese un sacrilegio. Pero a lo que alguien diga de ti, no le prestes atención, porque eso ya no es cosa tuya.

51

¿Cuánto tiempo vas a tardar en considerarte digno de lo mejor y en hacer de la razón tu principio decisivo en todo? Has recibido los principios filosóficos que debías aceptar y los has aceptado. ¿Qué maestro esperas ahora para atribuirle a él la misión de mejora personal que te corresponde a ti? Ya no eres joven, sino una persona adulta. Si ahora te entregas a la desidia y a la pereza, y pasas de un propósito a otro, y pospones día tras día el momento en que comenzarás a ocuparte de ti mismo, no solo no te darás cuenta de que no haces ningún progreso personal, sino que continuarás siendo una persona corriente toda tu vida hasta la muerte. Por eso, considérate desde ahora digno de vivir como un adulto en el camino del progreso personal. Que todo lo que te parezca lo mejor sea para ti una ley irrenunciable.. Y si se te presenta algo que te reporta fatigas o placer, honor o deshonor, recuerda que ha llegado el momento de la competición, que ya están aquí las Olimpiadas y no es posible demorarse más, y que en un solo día y en una sola acción pones en juego la ruina o la salvación de tu progreso personal. Así es como Sócrates llegó a ser quien fue, sin atender a ninguna otra cosa que no fuera la razón en todo lo que se presentó ante él. Y tú, aunque todavía no eres Sócrates, debes vivir como si desearas ser Sócrates.

52

El primer y más necesario campo de la filosofía es la aplicación de sus principios, como no mentir. El segundo se ocupa de las demostraciones, como por qué no hay que mentir. El tercero se ocupa de confirmar y analizar los dos primeros, como ¿por qué esto es una demostración?, ¿qué es una demostración?, ¿qué es una consecuencia lógica?, ¿qué es una contradicción?, ¿qué es lo verdadero?, ¿qué es lo falso? Por eso, el tercer campo es necesario a causa del segundo, y el segundo a causa del primero; pero el más necesario y en el que debemos detenernos es el primero. Sin embargo, nosotros hacemos lo contrario: nos entretenemos en el tercer campo y dedicamos a él todo nuestro esfuerzo, despreocupándonos por completo del primero. El resultado es que mentimos a pesar de tener perfectamente a mano la demostración de que no se debe mentir.

53

En toda circunstancia ten a mano estas citas:

«Guíame, Zeus, y también tú, Destino,
allí donde me habéis ordenado,
que os seguiré sin dudarlo; y aunque yo
    no lo quiera
por ser un malvado, no menos seguiré
    vuestros pasos».

«Quienquiera que a la necesidad se ha
    plegado noblemente,
a nuestros ojos es sabio y conoce los
    asuntos divinos.»

«Bien, Critón, si así les place a los dioses,
    que así sea.»

«Ánito y Meleto pueden matarme, pero
    no hacerme daño.»

DE *DISERTACIONES*

Esta parte del libro es una traducción de nueve extractos de la obra de Epicteto *Disertaciones*, que comprende casi cien artículos que van desde unas veinte páginas de un libro moderno a menos de una sola. Los artículos más largos, de los que se toman los pasajes numerados 3 y 4, se titulan simplemente *Libertad*. Arriano o algún editor posterior le pusieron este título, a pesar de que el tema de la libertad se encuentra omnipresente tanto en *Disertaciones* como en el *Enquiridión*. En esta selección, se ha titulado cada uno de estos extractos para mostrar las distintas formas de tratar este tema por parte del autor.

Esta selección persigue dos objetivos: primero, complementar el *Enquiridión* con contenido filosófico adicional; y, segundo, ofrecer a los lectores una muestra del estilo dialógico de Epicteto. Para disfrutar a Epicteto en profundidad, las *Disertaciones* son indispensables, pero Arriano hizo un gran trabajo extrayendo fragmentos a modo de manual de vida en el *Enquiridión*. Como el pequeño clásico que es, puedes llevarlo a todas partes y conectar en cualquier momento con su mensaje provocativo, estimulante e incluso reconfortante.

1
Aprender a desear las cosas tal como vienen
[*Disertaciones*, 1.12.8-23]

La persona que está recibiendo una educación debe abordar este proceso con el siguiente objetivo:

¿Cómo podría yo seguir a los dioses en todo, cómo estar conforme con el gobierno divino y cómo podría llegar a ser libre?

Bien, uno es libre cuando todo sucede conforme a su voluntad y no hay nadie que se lo pueda impedir.

¿Entonces? ¿La libertad es una sinrazón?

En absoluto. De hecho, la libertad y la locura no van por el mismo camino.

Pero yo quiero que suceda todo lo que a mí me parezca, sea lo que sea aquello que a mí me parezca.

Estás loco, deliras. ¿No sabes que la libertad es algo hermoso y admirable? Que yo desee caprichosamente que sucedan las cosas que caprichosamente quiero, trae el peligro no solo de no resultar hermoso, sino de ser lo contrario: lo más vergonzoso de todo. ¿Cómo actuamos en el caso de la escritura? ¿Quiero escribir el nombre de «Dion» como a mí me dé la gana? No, porque se me ha enseñado a querer cómo hay que escribirlo. ¿Qué pasa con la música? Exactamente lo mismo. Y eso ocurre en general donde hay un arte o una ciencia. De lo contrario, no tendría ningún sentido alcanzar el conocimiento de algo si se tuviera que adaptar a los caprichos de cada uno.

¿Es entonces solo en el caso de la mayor y más soberana de las cuestiones, la libertad, donde se me permite querer las cosas conforme a mis caprichos?

De ninguna manera. La educación consiste precisamente en aprender a desear que todas las cosas sucedan tal como vienen. ¿Y cómo suceden? Tal y como lo dispuso el que las ha dispuesto. Y ha dispuesto que haya verano e invierno, y abundancia y escasez, y virtud y vicio, y todos los demás opuestos de ese tipo en beneficio de la armonía del universo; y nos ha concedido a cada uno de nosotros un cuerpo con sus miembros, propiedades y la compañía de otros seres humanos.

Por eso es preciso abordar nuestra educación teniendo en mente esta disposición de las cosas, no para alterar sus condiciones (porque ni se nos ha concedido esa posibilidad ni sería mejor), sino para que, siendo las cosas que nos conciernen tal como son y como dicta su naturaleza, nosotros mismos mantengamos nuestra mente en armonía con lo que suceda. ¿Entonces, qué?

¿Es posible escapar de los hombres?

¿Cómo sería eso posible?

¿Es posible cambiarlos, estando en su compañía?

¿Y quién nos da esa posibilidad?

¿Qué nos queda, pues, por hacer o qué método hemos de descubrir para tratar con ellos?

El tipo de método que les permita a ellos actuar como mejor les parezca, pero que en igual medida nos asegure a nosotros mantenernos en armonía con la naturaleza. Te encuentras abatido y amargado; y si estuvieras solo, lo llamarías soledad, pero como estás en compañía de otros, los llamas tramposos y ladrones, y criticas hasta a tus propios padres, a tus hijos, a tus hermanos y a tus vecinos. Sin embargo, al estar solo podrías llamarlo tranquilidad y libertad, y considerarte semejante a los dioses, y al encontrarte en compañía de mucha gente podrías no llamarlo multitud, bullicio y fastidio, sino fiesta y celebración, y así aceptar todo alegremente.

¿Cuál es el castigo, entonces, para los que no lo aceptan de este modo?

Ser tal como son.

¿Para aquel al que no le gusta estar solo?

Que esté en soledad.

¿Para aquel al que no le gustan sus padres?

Que sea un mal hijo y que se lamente.

¿Para aquel al que no le gustan sus hijos?

Que sea un mal padre.

¡Métele en prisión!

¿En qué tipo de prisión? En la que está ahora. Porque lo está contra su voluntad, y allí donde uno está contra su voluntad, es una prisión para él. Así es como Sócrates no estaba en una prisión, porque estaba allí voluntariamente.

2
Libres de malestar emocional
[*Disertaciones*, 2.1.21-4]

¿Cuál es el fruto de las enseñanzas estoicas?

Precisamente lo que ha de ser lo más precioso y conveniente para los que han recibido una verdadera educación filosófica: tranquilidad de ánimo, ausencia de miedos, libertad. En estas cuestiones no deberíamos confiar en los muchos que afirman que solo es posible educar a las personas libres, sino más bien en los filósofos, que afirman que únicamente los que han recibido una educación son libres.

¿A qué te refieres?

A esto: ¿es la libertad, hoy en día, otra cosa que llevar el tipo de vida que queramos?

No.

Decidme entonces, amigos, ¿queréis vivir en el error?

No queremos.

Sin duda nadie es libre en el error. ¿Queréis vivir con miedo, con tristeza y angustia?

En absoluto.

Nadie que viva con miedo, tristeza o inquietud es libre, pero quien ha alejado de sí el miedo, la tristeza y la inquietud, mediante el mismo proceso, ha alejado también de sí la esclavitud.

3
Libres de servidumbres
[*Disertaciones*, 4.1.54-60]

¿Piensas que la libertad es algo grande, noble y valioso?

Por supuesto.

¿Es posible que alguien que haya obtenido algo tan grande, valioso y noble sea un miserable?

No lo es.

Entonces, cuando ves a alguien rebajarse ante otro y adularle de forma poco sincera, puedes decir con seguridad que esa persona no es libre; y no solo si lo hace a cambio de una triste cena, sino incluso cuando lo haga para obtener un puesto de gobernador o por un consulado. Llama a aquellos que actúan así a cambio de minucias «esclavos de segunda», y a los otros, porque son dignos de ello, «esclavos de primera».

Que así sea.

¿Piensas que la libertad implica independencia y autonomía?

Por supuesto.

Puedes entonces decir con confianza que no es hombre libre aquel a quien otra persona puede ponerle trabas o imponerle una obligación. Y no andes rebuscando entre sus abuelos y bisabuelos, ni indagues si fue comprado o vendido, que si le oyes decir «señor» desde el fondo de su corazón, llámalo esclavo, aunque sea precedido por un séquito consular. Y si le oyes decir: «¡Desdichado de mí!

¡Cuánto sufrimiento!», llámalo «esclavo». En una palabra, si lo ves deshecho en lágrimas y lamentos y hecho un infeliz, llámalo «esclavo vestido de púrpura». Pero, aunque no haga nada de eso, no le llames libre aún; examina antes sus principios filosóficos y observa si están sujetos a obligaciones, trabas o infelicidad; si averiguas que ese es su caso, llámalo «esclavo en la tregua de las Saturnales»; di que su amo está fuera de casa, pero que luego regresará y ya verás lo que le va a tocar sufrir.

¿Quién regresará?

Todo aquel que tenga control sobre cualquier cosa que él desee, tanto para darle esa cosa como para quitársela.

¿Tantos amos tenemos entonces?

Tantos. Antes que estos amos humanos tenemos como amos a las circunstancias, y estas son numerosas. Por este motivo, es inevitable que cualquiera que tenga el control sobre alguna de esas circunstancias sea nuestro amo; porque lo cierto es que nadie teme al césar propiamente dicho, sino a la muerte, al exilio, a la confiscación de bienes, a la prisión, a la pérdida de derechos civiles. Como tampoco nadie ama al césar, a no ser que se lo merezca con creces, sino que amamos la riqueza, el puesto de tribuno, de pretor, de cónsul. En la medida que amamos, odiamos y tememos estas cosas, es inevitable que los que tienen el control sobre ellas sean nuestros amos.

4
Libres para asentir sin trabas
[*Disertaciones*, 4.1.64-80]

¿Es posible que alguien que desea algo que está en poder de otros esté libre de trabas?

No.

¿Es posible que esté libre de limitaciones?

No.

Entonces tampoco es libre. Observa, entonces: ¿no tenemos nada que dependa exclusivamente de nosotros, o sucede con todo, o hay unas cosas que dependen de nosotros y otras de otros?

¿Cómo dices?

Cuando deseas que tu cuerpo esté intacto por fuera, ¿depende eso de ti o no?

No depende de mí.

¿Y cuando deseas que esté sano por dentro?
Eso tampoco.

¿Y cuando deseas que tu cuerpo sea bello?
Tampoco.

¿Y respecto a estar vivo o muerto?
Tampoco.

Por eso tu cuerpo no te pertenece, está supeditado a todo lo que es más poderoso que él.

Así es.

¿Y depende de ti poseer tierras, cuando quieras, cuantas quieras y como quieras?

No.

¿Y esclavos, ropa, una humilde casa y caballos?

No, nada de eso.

Y si deseas que tus hijos, o tu mujer, o tu hermano, o tus amigos estén vivos a toda costa, ¿depende eso de ti?

Eso tampoco.

¿Entonces no tienes nada que esté sujeto a tu propia decisión y que dependa exclusivamente de ti, o tienes algo así?

No lo sé.

Míralo entonces de esta manera y piensa sobre ello. ¿Puede alguien hacerte asentir a algo falso?

Nadie.

¿En el terreno del asentimiento estás entonces libre de trabas e impedimentos?

Así es.

Continuemos: ¿puede alguien obligarte a sentirte motivado por algo que no deseas?

Claro que puede. En cuanto me amenace con la muerte o las cadenas, me estará obligando a sentirme motivado.

Pero si desdeñaras la muerte o las cadenas, ¿todavía estarías sometido a él?

No.

¿Es tarea tuya desdeñar la muerte o no?

Mía.

O sea, que sentirte motivado es también tarea tuya, ¿no?

Sí, es tarea mía.

¿Y sentir rechazo por algo? Eso también es tarea tuya.

Pero ¿qué pasa si siento la motivación de dar un paseo y alguien me lo impide?

¿Sobre qué parte de ti va a ejercer impedimento? ¿Sobre tu asentimiento?

No, pero sí sobre mi pobre cuerpo.

Sí, como si lo ejerciera sobre una piedra.

Sí, pero el hecho es que entonces yo ya no paseo.

¿Y quién te ha dicho que pasear libre de trabas es tarea tuya? Lo que yo te he dicho es que lo único libre de trabas es sentir la motivación de hacerlo. Con respecto al uso del cuerpo y su cooperación, ya aprendiste hace tiempo que no hay nada que sea de tu posesión.

También eso es así.

¿Y puede alguien obligarte a desear lo que no quieres?

Nadie.

¿Y a fijar un objetivo o un proyecto o simplemente manejar las representaciones que experimentas?

Eso tampoco, pero cuando siento un deseo sí puede alguien impedirme conseguir lo que deseo.

Pero si tú diriges ese deseo hacia algo que es tuyo y a lo que no pueden poner trabas, ¿cómo te lo va a impedir?

De ninguna manera.

¿Quién te dice, entonces, que alguien que desea cosas que no le pertenecen está libre de trabas?

¿Acaso no puedo desear salud?

Claro que no, ni ninguna otra cosa que no te pertenezca; pues todo lo que no dependa de ti obtenerlo o conservarlo cuando quieras, no te pertenece. Mantén no solo tus manos lejos de ello, sino, primero y ante todo, mantén lejos también tu deseo. De lo contrario, te estarás entregando a ti mismo a la esclavitud, estarás poniendo tu cuello bajo el yugo, si te entusiasmas ante cosas que no son tuyas y te emocionas con aquello

que es responsabilidad de otro y, además, pere-
cedero.

¿No es mía mi mano?

Es una parte de ti, pero por naturaleza es ba-
rro, está sujeta a trabas y obligaciones, esclava de
cualquier cosa más fuerte. ¿Y por qué te menciono
la mano? Es preciso que consideres todo tu cuerpo
como un pobre burro con exceso de carga, mientras eso sea posible y se te permita; pero si te lo
requisan y un soldado se lo lleva, apártate, no te
resistas ni protestes. De lo contrario, recibirás una
paliza y perderás tu pobre burro de todos modos.
Dado que esta es la actitud que debes tener respecto a tu cuerpo, considera qué te queda por hacer
respecto al resto de cosas que uno adquiere para el
cuerpo. Si este es un pobre burro, el resto son
correas para el burro, albardas, herraduras, cebada,
forraje. Apártate también de esas cosas, líbrate de
ellas más deprisa y más alegremente que del pobre
burro.

Saber qué desear
[*Disertaciones*, 4.5.27-32]

Todas las cosas en todas partes son perecederas y vulnerables; cualquiera que sienta apego por alguna de ellas, aunque sea un poco, se sentirá inevitablemente preocupado, desesperanzado, presa del temor y el desconsuelo. Sus deseos no se cumplirán y verá lo que quería evitar completamente realizado. Por eso, ¿no estamos deseosos de asegurar la única certeza que se nos ha concedido, la de renunciar a las cosas perecederas y serviles, y entregar nuestros esfuerzos a las cosas imperecederas y libres por naturaleza? ¿No nos acordamos de que nadie puede causar daño o hacer un beneficio a otro, sino que es el juicio que nos formamos sobre algo concreto lo que causa daño, destrucción, enfrentamiento, conflicto civil, guerra?

Lo que convirtió a Eteocles y Polinices en enemigos mortales fue esto: su juicio sobre el trono y sobre el destierro. Este último era el peor de los males y el primero, el mayor de los bienes. Esa es la naturaleza de todo: ir detrás de lo bueno, huir de lo malo; y considerar a la persona que nos priva de lo primero y nos empuja a lo segundo un enemigo y un traidor, aunque sea un hermano, un hijo o un padre, porque no hay nada a lo que tengamos tanto apego como a lo bueno.

Si estas cosas son o buenas o malas, ningún padre será querido por sus hijos, ningún hermano por su hermano. En todas partes todo estará repleto de enemigos, de traidores, de delatores. Pero si la aplicación de nuestra voluntad a lo que es correcto, eso y solo eso, es lo bueno, y la aplicación de nuestra voluntad a lo que no es correcto, eso y solo eso, es lo malo, ¿dónde queda el enfrentamiento?, ¿dónde el insulto?, ¿sobre qué?, ¿sobre cosas que no significan nada para nosotros?, ¿contra quiénes?, ¿contra los ignorantes, contra los desgraciados, contra los que viven engañados sobre de las cuestiones más importantes?

6
Libertad de la voluntad o libre albedrío
[*Disertaciones*, 1.17.21-28]

Posees, amigo, una voluntad que está por naturaleza libre de trabas y de limitaciones (...). Te lo voy a mostrar, primero, en el terreno del asentimiento. ¿Puede alguien impedir que asientas a una verdad?

Nadie.

¿Puede alguien obligarte a aceptar una falsedad?

Nadie.

¿Ves como en este campo posees una voluntad libre de trabas, limitaciones e impedimentos? Continuemos: ¿es distinto en el campo del deseo y de la motivación? ¿Quién o qué puede vencer una motivación salvo otra motivación? ¿Y quién o qué puede vencer un deseo o una aversión salvo otro deseo o aversión?

Pero si alguien me amenaza de muerte, está imponiéndome una obligación.

No te la impone la amenaza, sino tu idea de que es mejor hacer cualquier cosa antes que morir. Por eso, una vez más es tu juicio el que te obliga, es decir, tu voluntad obliga a tu voluntad. Porque si la divinidad hubiera hecho que esa porción de su ser que tomó de sí mismo y nos concedió estuviera sujeta a trabas o a limitaciones por parte de él o de cualquier otro, ya no se trataría de una divinidad ni estaría ocupándose de nosotros de la manera que debe (...). Si así lo deseas, eres libre; si así lo deseas, no culparás a nadie, a nadie acusarás, y todo estará conforme a tu intención y a la de la divinidad.

7

Hacer un uso correcto de las representaciones
[*Disertaciones*, 1.6.12-21]

Estamos dotados de muchos atributos que son exclusivos de las criaturas racionales, pero como descubrirás, existen otros muchos que compartimos también con los seres irracionales.

¿Acaso también ellos comprenden lo que sucede?

Desde luego que no, porque una cosa es el uso de algo y otra es su comprensión. La divinidad tiene necesidad tanto de las criaturas que hacen uso de las representaciones como de las que comprendemos su uso. Por este motivo, a ellas les resulta suficiente comer, beber, descansar y reproducirse, y el resto de funciones que realiza cada especie animal. A nosotros, a quienes se nos concedió la capacidad de comprensión, ya no nos basta con eso, sino que, a no ser que actuemos de una manera ordenada y acorde a nuestra propia naturaleza y constitución, jamás alcanzaremos nuestro propio objetivo.

Seres que poseen diferentes constituciones también tienen funciones y finalidades diferentes. Para aquellos cuya constitución está diseñada solo para el uso, el simple uso de esa constitución es suficiente; pero cuando un ser tiene la capacidad de comprender ese uso, este jamás alcanzará su objetivo si no ejercita esa capacidad adecuadamente.

¿Entonces, qué?

La divinidad ha dotado de una constitución a cada ser con un fin: unos para ser comidos, otros para trabajar en el campo, otros para producir queso, otros para otros usos equiparables; y para llevar a cabo estas funciones, ¿qué necesidad tienen de comprender las representaciones y de poder distinguir entre ellas? Pero la divinidad introdujo a los seres humanos para que fueran aprendices de la propia divinidad y de su obra, y no solo aprendices, sino también sus intérpretes. Por eso, es una vergüenza para el ser humano empezar y acabar en el mismo punto que los animales irracionales. Más bien, debería empezar en ese punto, pero acabar allí donde la naturaleza alcanza su culminación en nuestro caso. La naturaleza alcanza su culminación en el estudio, en la comprensión y en una forma de vida que está en armonía con ella misma. Tened cuidado, pues, de no morir sin haber observado estas realidades.

8

Libertad y naturaleza humana
[*Disertaciones*, 4.7.7-17]

Todos los demás seres han sido privados de la capacidad de comprender el gobierno divino; pero el animal racional posee recursos para reflexionar sobre todo esto y entender que forma parte de un conjunto, saber qué parte es y entender que es bueno para las partes integrarse en un todo. Además, como por naturaleza el animal racional es noble, magnánimo y libre, se da cuenta de que, de las cosas que le rodean, unas están libres de trabas y bajo su control, mientras que otras están llenas de obstáculos y bajo el control de otros: libres de trabas son las que se encuentran en la esfera de su voluntad, y llenas de obstáculos las que están fuera de esa esfera. Por eso, si considera que su propio bien y conveniencia se encuentran solo en aquellas cosas que están libres de trabas y bajo su control, será libre, dichoso, feliz, invulnerable, magnánimo, piadoso y estará agradecido a la divinidad por todo, sin reprochar a nadie nada de lo que suceda, ni culpar a nadie. Si, por el contrario, piensa que se hallan en cosas externas y fuera de la esfera de su voluntad, inevitablemente se encontrará lleno de trabas y obstáculos, sometido a aquellos que poseen autoridad sobre lo que admira y teme; inevitablemente se mostrará impío al pensar que está siendo perjudicado por la divinidad, así como injusto al intentar siempre obtener para sí más que el resto, destinado a ser ruin y mezquino.

A quien comprenda esto, ¿qué le va a impedir vivir despreocupada y sencillamente, aceptando con tranquilidad todo lo que pueda suceder y soportando lo que ya ha sucedido? ¿Quieres que sea pobre? Pues adelante, y así sabrás lo que es la pobreza cuando le toque a un buen actor ese papel. ¿Quieres que tenga un cargo público? Pues adelante. ¿Quieres que me quede sin él? Adelante. ¿Prefieres que aguante penalidades? Adelante también con ellas. ¿Mejor el exilio? Allí donde vaya estará bien para mí, porque el hecho de que me encuentre bien aquí no es por el lugar, sino por mis principios, que son lo que me voy a llevar conmigo. Nadie puede despojarme de ellos, porque son exclusivamente míos y nadie me los puede arrebatar; me basta con tenerlos a mi lado allá donde vaya, haga lo que haga.

Pero ya te ha llegado la hora de morir.

¿Por qué hablas de morir? No hagas de este asunto una tragedia y cuéntalo tal como es: «Ya es hora de que la materia de la que estás hecho regrese a la fuente de donde vino». ¿Qué hay de horrible en esto? ¿Qué elemento de los que componen el universo va a destruirse? ¿Qué hecho novedoso y extraordinario va a suceder? ¿Es por esto por lo que el tirano resulta más temible? ¿Es por esto por lo que las espadas de sus escoltas parecen largas y afiladas? ¡Que otros se preocupen de estas cosas! He reflexionado sobre estas cuestiones y nadie tiene sobre mí ningún poder. He sido liberado por la divinidad, conozco sus mandatos y ya nadie puede esclavizarme; tengo el libertador que necesito, los jueces que preciso.

9

Libertad y dignidad
[*Disertaciones*, 1.6.37-42]

Observa las capacidades que posees y después di: «Tráeme ahora, Zeus, las dificultades que desees, porque poseo la preparación y los recursos que he obtenido de ti para destacar en medio de cualquier acontecimiento». Pero no: te sientas temblando ante lo que pueda pasar, gimoteando, en medio de lamentos, lloriqueando ante lo que de hecho está sucediendo; y después echas la culpa a los dioses. ¿Qué otra cosa, salvo la impiedad, cabe esperar de una actitud tan pusilánime? Sin embargo, la divinidad nos concedió estas facultades que nos capacitan para afrontar todo lo que suceda sin resultar rebajados o devastados por ello. Y nos las concedió —como corresponde a un buen rey o a un padre de verdad— libres de trabas, de obligaciones y de obstáculos. Las puso enteramente bajo nuestro control, sin reservarse para sí ninguna potestad para poner trabas ni obstáculos a ello. Estando en completa y libre posesión de estas facultades, ¿por qué no haces uso de ellas y reconoces los regalos que has recibido y quién te los ha regalado, en vez de sentarte ahí a lamentarte y a lloriquear?

AGRADECIMIENTOS

Rob Tempio ha sido el principal instigador de la publicación de este libro. Fue el primero en considerarlo apropiado para figurar en la serie «Sabiduría clásica» de la editorial y me ha acompañado en todo momento con su apoyo y sus consejos. Quiero expresarle mi profundo agradecimiento, así como a Matt Rohal, Sara Lerner y Jay Boggis, atentos y cuidadosos supervisores del proceso de producción. Brad Inwood y Monique Elias han leído y aportado mejoras a mi primer intento de traducir el *Enquiridión*. Andrea Nighthingale respondió al boceto de la introducción que le entregué con su habitual inteligencia y generosidad. Las sugerencias de los lectores anónimos de la editorial han sido también de gran utilidad. Quiero recordar a Rob Dobbin, fallecido durante el proceso de revisión. Rob, uno de mis primeros estudiantes en Berkeley, ha realizado valiosísimas aportaciones al estudio de Epicteto. Sus libros han sido una constante fuente de consulta mientras redactaba el mío.

Dedico esta obra con enorme afecto y admiración a David Selley, maravilloso amigo y colaborador.

GLOSARIO

Abrazar estatuas: Epicteto desprecia la costumbre de los cínicos de desnudarse y abrazar estatuas heladas en los meses de frío para mostrar su capacidad de resistencia.

Acciones convenientes: término técnico (*kathēkonta* en griego) que alude al comportamiento acorde con la naturaleza específica de los seres vivos. Abarca acciones en interés propio, como evitar el peligro, y comportamientos altruistas, como el cuidado de los niños o de la comunidad.

Afinidad natural: término técnico (*oikeiōsis* en griego) que alude a los instintos sociales y de con-

servación de los seres vivos y es el fundamento
naturalista de la ética estoica.

Antecedentes y consecuencias: Epicteto recurre
a la terminología de la lógica estoica para
referirse a la regla de inferencia comúnmen-
te conocida como *modus ponens*. En esencia,
puede enunciarse así: «si P implica Q, y si P
es verdad, entonces Q también es verdad».

Apolo Pitio: Epicteto se refiere al dios Apolo en
su función de inspirador de los oráculos de su
templo en Delfos. El significado de la anécdota es que no hace falta que un oráculo nos
ordene asistir a un amigo en peligro.

Armonía con la naturaleza: expresión técnica que
alude a la meta vital del estoicismo: comportarse en conformidad con la propia naturaleza
humana, es decir, como animal racional, y con
las circunstancias predeterminadas y dictadas
por la divinidad.

Armonía del universo: la armonía (*symphonia* en
griego) es un término que evoca el modelo
musical favorito de los estoicos de la estruc-

tura unitaria. La unidad de los opuestos es un concepto que se remonta a los primeros filósofos griegos como Pitágoras y Heráclito.

Asentir: expresión técnica (*synkatathesis* en griego) que hace referencia a la facultad mental que capacita a una persona para aprobar o desaprobar la verdad y el valor de las representaciones, y emitir las motivaciones o impulsos correspondientes. En las fuentes estoicas (por ejemplo, en *De fato* de Cicerón), el asentimiento se llama la «causa principal» de la acción humana, el lugar donde reside la capacidad de acción y la autonomía.

Aversión: término técnico (*ekklisis* en griego) que hace referencia a una actitud marcadamente negativa hacia lo que parece malo.

Bien, bienes: en el estoicismo, el «bien» (*agathos* en griego) se aplica solo a lo que es «honorable» (*kalon* en griego), en el sentido de carácter y acción virtuosos.

Capacidad de comprensión: término técnico (*parakolouthēsis* en griego) que alude a la capacidad exclusivamente humana de observar e interpretar las representaciones.

Capitán: metáfora con la que los estoicos se refieren a la divina providencia.

Citas: los cuatro pasajes citados son: (1) Cuatro versos del filósofo estoico Cleantes. (2) Dos versos de una tragedia perdida de Eurípides. (3) y (4) Palabras que Platón atribuye a Sócrates en *Critón* 43d y *Apología de Sócrates* 30c.

Conformidad: *vid.* Asentir.

Cosas contrarias a la naturaleza: expresión técnica (*ta para physin* en griego) con la que los estoicos aluden a todo lo que se opone al absoluto bienestar humano. A menudo se refiere a la enfermedad o la pobreza, condiciones que los humanos tratan de evitar naturalmente. Dado que conseguirlo «no depende de la voluntad», Epicteto restringe su aplicación a estados mentales aberrantes (emociones patológicas o motivaciones antiéticas, por ejemplo), que considera contrarios a las normas racionales de la naturaleza humana, com-

pletamente «dependientes de la voluntad»
y por lo tanto, absolutamente posibles de
evitar.

Crisipo: máxima figura de la escuela estoica ateniense y su más prolífico y reputado autor
(siglo III a. de C.).

Dador: metáfora estoica para referirse a la divina
providencia.

Deseo: término técnico (*orexis* en griego) que alude a la fuerte tendencia a poseer lo que parece
bueno.

Diógenes (mediados del siglo IV a. de C.): fundador de la escuela cínica y uno de referentes
más importantes de Epicteto.

Dios(es): en singular, o con el nombre de Zeus,
designa al creador del mundo, providencial
y omnipresente, equivalente a la naturaleza,
el destino y la razón cósmica (*logos*), perso-
nificado por el aliento de fuego (*pneuma*)
y presente en la facultad racional del ser
humano. En plural, es una concesión al poli-
teísmo popular, en el que los dioses encarnan

fenómenos naturales como el sol (Apolo), el mar (Poseidón), la mente (Atenea) o la razón (Hermes).

Director: término metafórico que se refiere a la divina providencia de los estoicos.

Eteocles y Polinices: hijos de Edipo. Maldecidos por su padre a matarse el uno al otro, lucharon por hacerse con el trono de Tebas.

Eufrates (fines del siglo I a. de C.): filósofo estoico famoso por sus habilidades oratorias. Epicteto lo menciona dos veces en las *Disertaciones*. Los editores normalmente incluyen su nombre como corrección a los manuscritos en los que aparece el nombre de Sócrates, más conocido.

Excavar para preparar el terreno: la actividad atlética que denota esta expresión (*parorussesthai* en griego), procedente casi textualmente del capítulo 3.15 de las *Disertaciones*, es oscura. Por los detalles que la siguen se deduce que Epicteto imagina un combate de lucha en un foso cavado por los propios púgiles.

Heracles: fornido personaje mitológico, asesino de monstruos, utilizado como modelo filosófico por estoicos y cínicos. En los manuscritos de Epicteto aparece el nombre de Heráclito, pero yo coincido con Louis-André Dorion en que hay que cambiar el nombre por el de Heracles.

Impresión: término técnico (en griego *phantasia*) que suele traducirse por «representaciones» y que alude a todo lo que sucede en la mente, ya sea como experiencia sensorial o como pensamiento. Epicteto define el proyecto estoico como el aprendizaje de cómo «usar» e «interpretar» correctamente las impresiones.

Impresión inequívoca: expresión técnica (*phantasiai katalēptikai* en griego) que se aplica a las experiencias sensoriales o los pensamientos que de manera evidente representan las cosas como realmente son.

Indiferente: término técnico (*adiaphoros* en griego) que se aplica a lo que no es ni bueno ni malo

en sí mismo, pero puede usarse para el bien o
para el mal.

Lecturas públicas: en la época de Epicteto era
habitual que los poetas, filósofos y oradores
presentaran sus obras en lecturas públicas.

Libertad: para Epicteto, la palabra griega *eleutheria* significa libertad en sentido general.
El significado principal de *libertas*, su equivalente latino, se refería al estatus de la persona libre, opuesto al de la persona esclava.
Epicteto juega constantemente con esta ambigüedad, hablando de la filosofía estoica
como manumisión de la esclavitud, y de la
libertad como esclavitud de las pasiones y
falsas creencias para los legos en la doctrina
estoica.

Mal, males: en el estoicismo, la palabra *mal* (*kakos*
en griego) alude solo a lo moralmente negativo, es decir, al carácter débil y al comportamiento deshonroso. Por su propia naturaleza, el mundo en sí mismo no contiene mal
alguno.

Motivación: término técnico, frecuentemente traducido como «impulso» (*hormē* en griego) que alude a la facultad mental que causa las acciones y depende de la conformidad con las representaciones.

Óbolo: moneda de plata.

Papel (*prosōpon* en griego): personaje o papel teatral. Es el término favorito de Epicteto para expresar la identidad o carácter individual que las personas revelan al cumplir sus funciones sociales y familiares.

Personas ajenas a tu círculo, personas corrientes: la expresión griega (*idiōtai*) se refiere al «vulgo», pero Epicteto también lo utiliza para aludir a los que no son filósofos.

Pretor: alto cargo del funcionariado y la administración provincial romana.

Principio rector: término técnico (*hēgemonikon*) que alude a la mente o parte principal del alma humana, que consiste en la razón, cuya función consiste en gobernar al ser humano y permitir su comportamiento.

Progresar: término técnico (*prokopē* en griego) que alude a las personas que abrazan el estoicismo como filosofía de vida y se esfuerzan todo lo posible por mejorar su comportamiento.

Proposición conjuntiva y disyuntiva: axiomas de la lógica estoica. En *Enquiridión*, 36, Epicteto los utiliza para hacer un juego de palabras con la voz griega *axia*, que alude tanto a la validez lógica como a la humana.

Propósito de la naturaleza: expresión referida a los fenómenos que están destinados a suceder, dadas las circunstancias y sin tener en cuenta su efecto en los individuos implicados.

Reserva: término técnico (*hypexairesis* en griego) que alude a la forma en que los seres racionales deben restringir o «abstenerse» de sus inclinaciones para conformarlas con la naturaleza incierta del futuro.

Regresar: término técnico estoico que alude a la eventual destrucción y absorción de los fenómenos del mundo y a su posterior reconstrucción y recurrencia en un ciclo infinito e idéntico.

Representación: ver Impresión.

Saturnales: fiesta anual que se celebraba en el mes de diciembre y en la que a los esclavos romanos se les concedía la libertad total durante un día e incluso se les permitía insultar a sus amos y ser servidos en la mesa.

Sócrates (470–399 a. de C.): filósofo ateniense acusado de impiedad y corrupción de menores y condenado a muerte. Para Epicteto, es el ser humano ideal. En *Enquiridión*, 32, se hace referencia a una anécdota contada por Jenofonte en su *Apología de Sócrates*, 1, 1, 7, y en 46 parece referirse al comienzo del diálogo platónico *Protágoras*.

Tranquilidad: estado mental ideal para los estoicos, expresado por dos términos clásicos de la filosofía helenística: *apatheia* (literalmente, «ecuanimidad») y *ataraxia* (literalmente, «imperturbabilidad»).

Voluntad: término favorito de Epicteto (*prohairesis* en griego) para referirse a la facultad humana de la autodeterminación y la disposición mental. A veces se traduce por «elección», «propósito», «volición» o «decisión», pero *voluntad* es la palabra que mejor expresa lo que Epicteto quería decir con *prohairesis*.

Zenón: fundador chipriota de la escuela estoica en Atenas alrededor del 300 a. de C.

LECTURAS COMPLEMENTARIAS

BERLIN, I., *Dos conceptos de libertad y otros escritos*, Alianza Editorial, Madrid, 2014.

BRENNAN, T., *The Stoic Life: Emotions, Duties, Fate*, Clarendon Press, Oxford, 2005.

EPICTETO, *Disertaciones por Arriano*, Editorial Gredos, Madrid, 2015.

EPICTETO Y HADOT, P., *Manual para la vida feliz*, Errata Naturae, Madrid, 2015.

FREDE, M., *A Free Will: Origins of the Notion in Ancient Thought*, University of California Press, Berkeley, 2011.

GRAVER, M. R., *Stoicism and Emotion*, University of Chicago Press, Chicago, 2007.

JOHNSON, B. E., *The Role Ethics of Epictetus: Stoicism in Ordinary Life*, Rowman & Littlefield, Lanham, 2014.

Long, A. A., *Hellenistic Philosophy: Stoics, Epicureans, Sceptics* (2.ª ed.), University of California Press, Berkeley, 1986.

—, *Stoic Studies*, University of California Press, Berkeley, 1996.

—, A. A., *Epictetus: A Stoic and Socratic Guide to Life*, Clarendon Press, Oxford, 2002.

—, A. A., *From Epicurus to Epictetus*, Clarendon Press, Oxford, 2006.

Oldfather, W. A., *Epictetus*, 2 vols. (incluye el texto griego original), Harvard University Press, Cambridge, Mass., 1925-1928.

Sellars, J., *Stoicism*, University of California Press, Berkeley, 2006.

Stephens, W. A., *Stoic Ethics: Epictetus. Happiness as Freedom*, Continuum, Londres, 2007.

ÍNDICE TEMÁTICO

insulto, 12, 70

acción conveniente, 28, 83

aceptar, 29, 58, 71

adivinación, 31

amigo, 21, 32

amo, 62

animales,74

ansiedad, tormento, 13, 69

apariencia, 34

apego, 69-70

Apolo, 32, 84, 88

armonía, 9, 14, 28, 45, 57, 74

atletas, 33

atracción, 8

autoridad, 76

aversión, 5-8, 45, 71

banquete, 15, 20, 42

baño, 9

beneficio, 17, 44, 56, 69

bienes, 10, 16, 21, 30, 62, 70

bien, bueno (lo), 18, 22, 29, 31, 70

causas externas, 44

celos, 18

competición, 26, 47

confianza, 31

conocimiento, 44, 56

conformidad, asentir, 63, 65

conversación, 33, 43

crecimiento personal, 35, 46-47

Crisipo, 45-46, 87
crítica, 44
cuerpo, 5, 12, 17, 25, 32,
    34, 38-43, 57, 64, 66,
    68
cuidado, cuidar, 37, 39, 74
culpa, 10, 20-21, 78

depende de uno mismo, 8,
    14, 17-18, 21, 29, 31,
    64
deseo, desear, 5, 7-8, 15,
    26, 44, 55, 67-71
dinero, 21
Diógenes, 16, 87
dios(es), 6, 16, 29-31, 49,
    55, 58, 78, 84
dolor, 16

educación, 55-59
ejercicio, 40
enemigo, 6, 45, 70
enfermedad, 7, 12
envidia, 18
error, 60
esclavo, 13-15, 24, 27,
    61-62
Eteocles, 30, 69

Eufrates, 88
exilio, 19, 32, 62, 76

felicidad, 6, 18, 37, 65
filósofo, filosofía, 19-20,
    26-28, 31, 42, 44, 46,
    86, 88, 93

gladiadores, 26, 33

halago, 23
Heracles, 16, 89
Homero, 46
honor, honorable, 22, 47,
    85

impedimento, 10, 12, 66
impresiones, (ver Repre-
    sentaciones)
integridad, 22
interés propio, 83
intérprete, 45

juegos olímpicos, olim-
    piadas, 25, 47
juicio, 9, 16, 18, 41, 69, 72
justicia, 29

lecturas públicas, 35
libertad, 27, 53-61, 90, 93
libre, 13-18, 55-67, 71-79,
    90
locura, 55
lógica, 48, 84, 92

mal, malo (lo), 10, 13,
    20-24, 28-31, 40, 42,
    58, 70, 85, 89-90
medida, 39
mente, 25, 57, 88-91
miedo, 60
moderación, autodominio,
    8, 12, 15
motivación, 5, 8, 45, 66, 71
muerte, 7, 9, 19, 32, 47, 62,
    65, 71, 93
mujeres, 30, 39
mundo, universo, 24, 29,
    59, 77, 84, 87, 90, 92

naturaleza, natural, 5,
    7-10, 14, 24, 27-28,
    31, 45, 57, 68-75,
    83-87, 90, 92
niños, 26-27, 83

objetivo, propósito, 17,
    24, 32, 47, 55, 67,
    73, 94
opinión, 40
oveja, 43

paciencia, 12
pensamiento, 89
pérdida, 16, 63, 86
perjuicio, daño, 6, 28, 30,
    40-41, 44, 49, 69
placer, 37, 47
pobreza, 8, 76, 86
poder, 15-16, 27, 35, 63,
    74, 77
Polinices, 30, 69, 88
posición social, reputación,
    5, 14, 17-18
prestar atención, capaci-
    dad de comprender,
    24, 32, 46, 73-75
principio rector, 25, 28,
    39, 57, 88-89, 91
progreso, 13, 47

razón, razonamiento, 32,
    46-47, 87-88, 91
recursos, 75, 78

representaciones, 67,
72-73, 86, 89, 91
resistencia, 12, 43, 83
responsabilidad, 68
riesgo, 43
riqueza, 15, 63
risa, 33
robo, 9
roles, papel, 17, 76, 91

serenidad, tranquilidad,
13, 27, 58-59, 76
sexo, 34, 40
silencio, 33, 36, 43
Sócrates, 9, 31, 35, 42, 47,
59, 86, 88, 93

utilidad, 8, 22, 82

vecinos, 29, 58
veneración, devoción,
29-30
verdad, 71, 84-85
vergüenza, 20, 25, 74
viaje, 11, 13, 14, 28
voluntad propia, 6, 9, 72
voluntad, 12, 55, 58-59,
70-76, 86-87, 93-94
vulgo, 91

yo, 45, 49, 55, 66-67

Zenón, 55, 94